KB077880

우생마사牛生馬死

큰비가 내려 홍수가 나면

소는 물살을 따라 유유히 헤엄쳐서 살아 나오지만

수영 실력이 뛰어난 말은 제 능력만 믿고

물살을 거슬러 오르려다 지쳐서 죽고 만다.

님께

곤도의 결심

곤도의 결심

"나는 절대 누구도 해고하지 않겠다!"

곤도 노부유키 지음 ― 박종성 옮김

차례

Part 2.
10년간 이직률이 제로인 이유
직원이 떠나지 않는 회사는 이렇게 만든다

Part 3.
55명 전 직원이 주주이자 사원
합리적이고 투명한 인사, 평가 제도의 힘

Part 4.
온정이 넘치는 성과주의가 과연 현실에서 가능할까?
말도 안 되게 사람을 귀하게 여기는 경영은 지속성장의 보증수표

프롤로그 _
세상에 이런 회사가 있다니!?

23년 연속 흑자, 10년간 이직률 제로, 70세까지 정년 보장

주식회사 일본레이저는 최첨단 연구용·산업용 레이저와 광학
기기를 수입, 판매하는 레이저 전문 상사로 1968년 4월에 설립
되었다. 전자 현미경 분야의 선두업체인 일본전자 주식회사가
레이저 관련 기술을 개발하려고 설립한 자회사(지분율 100%)였
지만 지금은 독립했다. '사원 55명 모두가 주주'인 보기 드문 중
소기업이다.

　나는 대학 졸업 후 전자 현미경 엔지니어로 일본전자에 입
사했다. 입사 후 28세라는 꽤 젊은 나이에 노동조합 집행위원
장이 됐고, 미국 법인 총지배인, 본사 임원을 거쳐 1994년에 일
본레이저 5대 사장으로 취임했다.

지난 20여 년 동안 일본레이저는 '일본에서 가장 소중히 여겨야 할 기업 대상'을 비롯해 일본 내에서 무수히 많은 표창과 상을 수상했다. 또한 '사람을 소중히 여기면서도 이익을 내는 회사'로 언론에 소개되기도 했고, 우리 회사를 견학하고 싶다는 문의와 특강 요청이 전국 곳곳에서 쇄도하고 있다.

그러나 회사도, 나 자신도 지금까지 걸어온 길이 결코 평탄치는 않았다. 말 그대로 천국과 지옥을 오가는 우여곡절을 거듭했다. 전문 상사라는 사업의 특성상 일을 아무리 열심히 해도 환율이 한 번 요동치면 큰 손실을 입을 수밖에 없다. 규모가 큰 해외 거래 업체가 어느 날 갑자기 거래 중단을 통보하기도 한다. 그뿐 아니다. 오른팔이나 다름없다고 생각했던 부하직원들이 회사를 나가 독립하면서 규모가 큰 거래처를 그대로 들고 나간 적도 여러 번 있었다.

그 외에도 도대체 왜, 무엇 때문에 나만 이런 일을 겪는가 싶은 일들이 끊이지 않았다. 나와 회사를 벼랑 끝으로 몰아붙인 사건들이, 굵직한 것만 꼽아보아도 7가지 이상이다.

솔직히 말해 사람이 살면서 고난과 역경은 가급적 경험하지 않는 편이 좋다. 떠올릴 때마다 쓰라린 나쁜 기억이나 아물지 않는 상처도, 그럴 수만 있다면 처음부터 아예 없는 게 좋다. 하지만 무엇인가에 도전하려고 할 때마다 내 앞에는 항상 크고

작은 시련들이 기다리고 있었다. 그 7번의 위기를 간단히 소개하겠다.

첫 번째 위기 _ 1,000명의 동료를 내 손으로 자르다

일본전자에 입사한 지 4년차가 되던 해에 나는 28세의 나이로 노동조합 집행위원장이 되었고 노사 관계 업무를 담당했다. 그 당시에 일본전자에는 2개의 노동조합이 있었는데, 이 둘은 서로 첨예하게 대립하는 관계였고 날이 갈수록 갈등이 심해지고 있었다. 그런 상황에서 내가 한쪽 노조의 집행위원장직을 맡게 된 것이다. 그 후 여러 번의 노사 분규를 경험하면서 나는 내 모든 것을 쏟아부었고, 철야 근무도 불사하면서 조합원과 회사 모두를 지켜냈다.

그런데 노사 관계가 좀 안정을 찾아가나 싶었더니, 이번에는 석유파동이 터져 회사의 영업실적이 크게 악화되었다. 회사는 도산 위기에까지 몰렸고, 회사를 살리려면 전 직원의 3분의 1에 해당하는 1,000여 명을 '희망퇴직'시켜야 했다. 이때 퇴직하게 된 조합원과 면담하는 일을 내가 맡았다.

희생양이 된 사람들 대다수가 한창 일할 나이인 40~50대의 중장년층 가장이었다. 누구보다 생활비가 많이 필요한 사람들이었다. 이런 슬프고 비참한 상황과 직접 맞닥뜨려야 했던 나는 '노조가 회사를 지키려고 아무리 노력해봐야, 회사 경영이 제대로 되지 않으면 고용은 절대로 보장받을 수 없다.'는 사실을 뼈저리게 느꼈다.

두 번째 위기 _ 생후 3일째 되던 날 세상을 떠난 쌍둥이 아들

마침 그 무렵에 나는 '쌍둥이 아들'의 아빠가 되었다. 그러나 산모와 아이들의 혈액형 부적합으로 인해 생긴 심각한 황달 증세 때문에 생후 3일째 되던 날 두 녀석 모두 하늘나라로 떠났다. 나는 절망에 빠졌고 사무치는 슬픔에 몸서리쳤다. 그래도 회사 일을 그만둘 수는 없었다. 노조 집행위원장 1년차였던 내 앞에는 노사 관계와 관련된 숙제가 산더미처럼 쌓여 있었다. 나는 가슴 깊이 상실감을 안은 채로 노사 대립이라는 전쟁터에 몸을 던져야 했다. 안타까운 일이지만 그 후로는 영영 아이를 가지지 못했다.

세 번째 위기 _ 미국 법인 구조조정 중에 받은 '대장암' 판정

11년간 노조 집행위원장직을 맡은 후에, 나는 미국 법인의 부지배인으로 임명되어 미국 뉴저지로 건너갔다. 현지에서 나를 기다리고 있던 업무는 또다시 '정리해고 소식을 통보하는 일'이었다. 나는 뉴저지 지사의 전 직원을 해고하는 대수술을 감행했고, 결국 지사를 폐쇄했다.

그러고 나서 보스턴에 위치한 미국 법인 본사로 이동해 그곳의 인원도 20%나 줄였다. 레이오프(Lay-off, 실적 회복 시 재고용을 전제로 일시 해고하는 것 – 옮긴이)를 단행한 것은 이때가 처음이었다. 퇴직 면담을 할 때 한 미국인 남자 직원은 '레이오프가 없다고 해서 일본 회사에 입사했는데….'라고 울먹이며 방을 나갔다. 나 역시 마음이 무척 아프고 괴로웠다.

미국 법인에 주재하는 동안 나는 극심한 스트레스와 불규칙한 식생활 때문에 건강이 몹시 안 좋아졌다. 위궤양이 반복되었고, 급기야 대장암 판정까지 받았다. 생명이 위태로운 지경에 이른 것이다. 다행히 현지에서 암 수술을 받았고 현재는 완치된 상태지만, 회사를 살리기 위해서 동료들을 떠나보내야 한다는 것은 나에게 상상을 초월할 만큼 큰 스트레스였다.

네 번째 위기 _ 본사 영업팀 간부급 직원들을 지방으로 보내다

미국 주재원으로 9년간 근무하고 1992년 말에 일본으로 돌아온 나는, 1993년부터 국내 영업을 쇄신하기 위해 분주한 나날을 보냈다. 영업 쇄신의 일환으로 '영업팀의 차부장급 직원 4명을 지방 대리점으로 파견 보내고, 그들의 월급은 대리점이 지급하도록 하기' 위한 협상을 내가 맡았다. '도대체 왜 이들을 떠맡아야 하는지 모르겠다.'며 난색을 표하는 대리점 사장들을 일일이 만나 수차례 설득하고 협조를 구했다. 결국 협상은 성공적으로 완료되었다.

다섯 번째 위기 _ 망하기 직전의 '일본레이저' 재건에 투입

1994년에 나는 빈사 상태에 빠진 일본레이저를 재건하라는 명령을 받았다. 당시 일본레이저는 매년 적자를 기록했고 '1억 8,000만 엔' 규모의 채무초과(자산을 모두 팔아도 부채를 갚을 수 없는 상태－옮긴이) 상태에 처하는 바람에 주거래 은행으로부터도 외면당하는 처지였다.

당시에 내가 일본레이저 재건 업무를 맡게 된 표면적인 이유는 '영어로 그럭저럭 소통할 수 있다.', '글로벌 비즈니스에 해박하다.', '노무관리에 능하다.', '국내 영업 경험이 있다.'는 것이었다.

하지만 속내는 좀 다른 것 같았다. 경영진은 내가 외부의 도움 없이 구조조정을 통해 조직 경영을 정상화시켜본 경험이 수차례 있으니, 이번에도 일본레이저에 투입하면 뭔가 해결책을 만들어낼 거라고 생각했던 것 같다.

나를 포함해 이제까지 일본레이저 사장을 역임한 5명 모두가 모회사인 일본전자 출신이다. 내가 취임하기 전 26년간 일본레이저는 적자와 무배당을 기록한 해가 절반 가까이나 됐다. 취임 직후 일본레이저에 출근해서 가만히 살펴보니, 회사가 이렇게까지 기울어지게 된 데는 3가지 중요한 원인이 있었다.

첫째 1993년에는 버블 붕괴 후여서 고객이 줄었고, 둘째 실적 악화를 외부 환경 탓으로 돌리는 바람에 사태 수습이 늦어졌으며, 셋째 본사를 중시하고 자회사는 경시하는 역대 사장들의 태도에 문제가 있었다.

당시 일본레이저는 엄청난 위기를 맞이했고 도산 일보 직전까지 내몰렸다. 문자 그대로 사느냐 죽느냐의 갈림길에 선 절체절명의 순간이었던 것이다. 그 긴박한 상황에서 사태를 수습하기 위해 본사에서 파견한 '낙하산 사장'이 바로 나였다.

여섯 번째 위기 _ 믿었던 직원의 배신으로 인재와 거래처를 모두 잃어버리다

사장으로 취임한 직후, 믿었던 상무가 우수한 부하직원들과 함께 거래처를 들고 회사를 나가버리는 엄청난 사건이 일어났다. 그는 나보다 나이가 많았고 차기 사장 자리를 욕심내고 있었다. 하지만 내가 이 회사에 왔으니 자신에게는 더 이상 기회가 없으리라는 생각에 적잖이 실망했던 것 같다. 원래대로라면 자신의 자리가 될 것이 분명했던 만큼 갑작스레 모회사에서 내려온 내가 마뜩찮았을 것이다.

아무튼 그 사건 때문에 나는 유능한 인재와 큰 거래처를 동시에 잃었다. 내가 사장으로 취임한 후 6개월 동안 일본레이저는 당장 문을 닫는다 해도 전혀 이상하지 않을 만큼 일촉즉발의 상황이었다. 부임 당시에는 너무나 방만하게 운영되고 있었고, 솔직히 회사라고 부르기 민망할 정도로 상태가 엉망이었다. 사내에는 특히 다음과 같은 4가지 불량이 만연했다.

첫째, 불량 재고

한 번에 많은 양을 사들여야 원가 경쟁력을 높일 수 있다는 이유로 어떤 제품이든 재고를 잔뜩 끌어안고 있었다. 그 결과 팔지 못한 제품도 늘어났고, 그것들은 결국 불량 재고로 처리됐다. 나는 취임 당시, 레이저 기기와 전원電源이 사무실 여기저기에 아무렇게나 놓여 있는 것을 보고 한 직원에게 용도가 무엇인지 물었다. 그러자 그 직원은 '판매할 물건'이라고 대답했다. 재고를 실사한 적이 없다 보니 관리도 제대로 이뤄지지 않았던 것이다.

둘째, 불량 설비

사업 예측을 잘못한 탓에 설비도 필요 이상으로 많이 보유하고 있었다.

셋째, 불량 채권

영업팀 담당 직원은 "팔았다."고 이야기하지만 제품을 납품받은 쪽에서는 "구입한 것이 아니라 잠시 보관하고 있을 뿐이고, 한번 써보라고 해서 둔 것이지 대금을 지불할 생각은 없다."라고 이야기하는 경우가 부지기수였다.

넷째, 불량 인재

회사를 그만두면서 거래처를 들고 나가는 직원, 고객에게 한참 전에 보냈어야 할 제품을 회사에 버젓이 방치하는 직원, 술을 잔뜩 마시고 와서 상사를 구타하는 직원, 허위로 접대비를 청구하는 직원 등, 제멋대로 행동하는 직원이 너무 많았다.

뿐만 아니라 출금전표를 제대로 확인하지 않은 탓에 거짓 보고가 태연하게 이루어졌다. 심지어 집에서 쓸 개인 컴퓨터를 구입하고 대금을 고객 청구서에 몰래 끼워 넣는 직원도 있었다. 영업 사원들은 타임카드를 사용하지 않았기 때문에 출퇴근 시간도 제멋대로였고, 근무 시간에 어디서 무엇을 하고 있는지조차 알 수가 없었다.

그래서 나는 이러한 '4가지 불량'을 바로잡기 위해 '직원 동기부여', '매출 총이익 중심 경영', '인사 및 성과 평가 제도 개선', '능력·노력·성과 기반의 처우 제도 구축' 등 4가지 관점에서 힘을 쏟았다. 그 결과, 취임 첫 해부터 흑자 전환에 성공했고 이듬해에는 누적 적자를 해소할 수 있었다.

일곱 번째 위기 _ 모회사로부터 독립하기

적자 문제가 해결됐고 매출도 견조한 성장세를 보이기 시작했지만, 일본전자의 자회사인 이상 인사 관리와 사업 전개 측면에서 제약이 컸고 회사를 유연하게 운영하기가 쉽지 않았다. 특히 문제였던 것이, 자회사라는 이유로 모회사에서 보낸 사람 외에는 사장이 될 수 없고 임원으로 승진하기도 어렵다는 점이었다. 이래서야 기껏 힘들게 올려놓은 직원들의 사기가 다시 내리막길을 걸을 게 뻔했다. 그래서 나는 '직원들의 사기를 북돋기 위해서라도 자회사라는 지위에서 탈피해야 한다. 이대로라면 우리 회사보다는 모회사인 일본전자의 이익이 언제나 우선일 수밖에 없다.'고 결론 내렸다.

그리하여 2007년, 일본레이저는 MEBO(Management and Employee Buy Out, 경영진과 직원이 자사주를 매입하는 것 - 옮긴이)를 통해 모회사로부터 완전히 독립했다. MEBO는 경영진뿐만 아니라 '직원들도 함께' 모회사가 보유한 주식을 사들이는 방식이다. 단, 투자 펀드가 끼어드는 것은 원하지 않았기 때문에 '직원 출자금'과 은행에서 빌린 장기 차입금 1억 5,000만 엔만으로 주식을 매입하기로 했다. 투자 펀드가 참여하지 않는 MEBO를 통해 파트타임 직원, 파견 사원, 정년퇴직 후 촉탁으로 재입사한 직원, 대졸 신입사원 등 그야말로 모든 직원이 평등하게 주주로 참여할 수 있었다. 이는 일본에서는 유례가 없는 일이었고, 어쩌면 세계 최초였을지도 모르겠다.

모회사로부터 독립할 때 직원들을 대상으로 주식회사 JLC 홀딩스Japan Laser Corporation Holdings의 출자금을 공모했는데, 그 결과 출자 희망액은 놀랍게도 직원 출자한도의 4배를 기록했다. 이는 직원들이 회사에 거는 기대가 그만큼 컸다는 것을 보여주는 방증이다. 이후, 자본금을 3,000만 엔에서 5,000만 엔으로 늘려 다시 등기하자 이번에도 직원들의 출자 희망액은 출자한도의 2.4배에 육박했다. 100만 엔을 희망하는 직원에게는 50만 엔만 투자하게 하는 등, 희망금액의 절반 이하의 주식만 양도하기로 했다. 그 결과 '전 직원이 주주'인 회사가 탄생했다.

자회사 직원이 모회사의 보유 주식을 매입하는 사례는 이제껏 없었다. 현재 일본레이저의 지분은 일본전자가 14.9%, 내가 14.9%, 그 외 경영진이 38.2%, 직원들이(아르바이트와 파트타임 직원은 제외) 32.0%를 보유하고 있다.

그러나 문제는 그다음이었다. 은행에서 빌린 1억 5,000만 엔을 '매년 3,000만 엔씩 5년에 걸쳐' 상환해야 했기 때문이다. 이렇게 하려면 일본레이저는 주식 매수 목적으로 신규 설립한 JLC홀딩스에 매년 상환할 금액 3,000만 엔을 배당으로 지급해야 했다. 어림잡아 계산해도, 3,000만 엔을 배당으로 나눠주려면 '8,000만 엔 규모의 경상이익'을 내야 했다. 4명의 전임 사장 시절에는 경상이익이 8,000만 엔 이상이었던 적이 단 한 차례도 없었고, 내가 사장으로 취임한 뒤에도 단 두 번밖에 없었다. 그런데도 5년 연속으로 8,000만 엔의 경상이익을 내야 했기 때문에 위험성이 너무나 컸다.

그뿐 아니었다. 독립하기 전까지 모회사는 운전자금으로 빌린 6억 엔에 대해 지급보증을 해주었다. 그러나 MEBO가 진행됨에 따라 보증을 철회했고, 은행은 결국 내가 대신 보증할 것을 요구했다. 회사가 이익을 내지 못하면 나 역시 파산하게 되는 것이다. 말 그대로 배수의 진을 친 독립이었다. 가족에게도 비밀로 하고 승부를 걸었던 터라, '만약 그때 실패했다면 어떻게 됐을까…' 하고 생각하면 지금도 등골이 오싹해진다.

전 직원이 주주가 되어 독립한 후 찾아온 변화

일본전자로부터 독립한 후에 일본레이저에는 3가지 변화가 찾아왔다.

첫째, 모회사가 사라지면서 수직적이었던 조직 구조가 수평적으로 바뀌었다.

둘째, '돈'과 '시장' 대신 '사람'을 중시하면서 이익을 내는 기업으로 변모했다.

셋째, '직원은 곧 주주'이므로 실적에 대한 직원들의 관심, 책임감, 주인의식이 싹텄다.

분명 일본레이저는 MEBO에 성공한 후 더욱 빠르게 성장했다. 그런데 여기에서 중요한 것은 MEBO를 추진하기 전에 먼저 기업 문화를 굳건하게 다져놓아야 한다는 사실이다. 일본레이저에는 직원들의 사기를 끌어올리는 기업 문화가 MEBO 이전에 이미 마련되어 있었고, MEBO는 단지 이를 가속화하는 수단에 지나지 않았다. 무작정 MEBO를 단행한다고 해서 직원들의 사기가 저절로 올라가는 것은 아니다.

이 책에서 나는, 일본레이저 사장으로 취임한 해이자 도산 일보 직전이었던 1994년부터 MEBO를 추진한 2007년까지 어떻게 직원들의 사기를 끌어올렸고, 어떻게 현재까지도 계속해서 동기를 부여하고 있는지에 대해 상세하게 소개할 것이다.

어떤 기업이든 고민거리는 항상 '사람'에게서 나온다. 그런 만큼 이 책에서 다룰 '직원들의 사기를 진작시키는 방법'은 독자 여러분이 어떤 업종에 종사하든 반드시 도움이 될 것이다.

1990년대 후반의 아시아 금융위기, 리먼 브라더스 쇼크, 동일본 대지진, 아베노믹스로 인한 엔저 현상, 소비세 인상 등 온갖 악재를 겪으면서도 일본레이저가 '23년 연속 흑자'를 기록하고 '10년 이상 이직률 0%'에 근접했다는 것은 직원들이 자기효능감(스스로에 대한 기대, 자신감, 동기부여 등)을 바탕으로 일하기 때문이라고 단언할 수 있다.

'사람을 소중히 여기는 경영'에 주어와 목적어는 무엇인가?

나는 노조 집행위원장 시절에 1,000명의 동료를 정리해고 했고, 뉴저지로 날아가 지사 한 곳을 통째로 폐쇄했으며, 미국 법인 본사인 보스턴에서도 지명해고(회사가 해고 대상자를 직접 지정하여 해고하는 것 – 옮긴이)로 인원을 20%나 감축했다. 어딜 가든 저승사자가 따로 없었다. 그 후 1억 8,000만 엔의 누적 적자를 안고 있던 일본레이저를 온갖 어려움과 시련을 극복하며 재건했다. 그 과정에서 깨달은 것이 하나 있다. 사람을 소중히 여기는 기업 운영이야말로 회사를 바로 세우고 성장시킬 수 있는 단 하나의 방법이라는 점이다.

사람을 소중히 여기고 직원들의 사기, 즉 모티베이션을 끌어올리지 않는 한 회사의 발전을 기대할 수는 없다. 다시 말해 모티베이션은 기업의 성장을 결정하는 단 하나의 요인이다. 정리해고라는 비정한 세계를 처절하게 맛본 나는 '회사는 고용을 보상하기 위해 존재하며, 고용불안을 해소해야 직원들의 사기를 유지하고 진작시킬 수 있다.'는 점을 깨달았다.

실제로 빈사 상태에 빠져 있던 일본레이저를 단기간 내에 일으켜 세울 수 있었던 것 역시 사장인 내가 직접 '고용은 반드시 보장한다.'고 직원들 앞에서 선언하고, 최선을 다하면 그만큼 충분히 보상하는 구조로 조직을 변화시켰기 때문이다.

정리해고, 열정 페이, 성차별, 모성 괴롭힘(임신과 육아를 이유로 인사상 차별하거나 언어적 폭력을 행사하는 것 - 옮긴이)은 왜 사라지지 않을까? 당연한 얘기지만 '사람을 소중히 여긴다.'고 공언하는 회사가 비단 일본레이저뿐만은 아니다. 수백만의 중소기업 사장들이 하나같이 '직원을 소중히 여긴다.'고 하지 '소모품처럼 혹사시킨다.'고 말하지는 않는다. 하지만 쉽게 해고하고, 지급해야 할 수당을 주지 않고, 워킹맘을 차별하고, 위장도급이나 고용사기처럼 '사람을 소중히 여기는 것'과는 거리가 먼 행위가 여전히 만연한 것이 현실이다.

대체 왜 그럴까? 사람을 소중히 여기는 것과는 거리가 먼 행위들이 끊이지 않고 벌어지는 이유가 뭘까? 그것은 바로 당장 발등에 떨어진 불부터 꺼야 한다는 생각에 사로잡혀 있기 때문이다. 남들 앞에서는 '인간 존중'을 외치면서도 속으로는 '결국 돈이다. 돈이야말로 기업이 존재하는 이유이자 존속을 위한 필수 요소다.'라고 생각한다. 그렇다 보니 돈 버는 데만 혈안이 되어 직원들에게 무리한 희생을 강요하는 것이다.

'사람을 소중히 여기는 경영'이라는 말에 '주어'와 '목적어'를 붙여본 적 있는가? 대부분의 사장들은 '자신(사장)'을 주어로 생각한다. '사장이 직원을 소중히 여기는 경영'이라고 말이다. 사장을 주어로 놓는 한, 말로는 아무리 직원을 소중히 여긴다고 해도 결과적으로 '돈을 우선으로 여기는 경영'이 될 수밖에 없다. 이런 회사에서 직원은 '존중받고 있다.'는 것을 실감하기 어렵다. 그러나 주어를 '직원'으로 바꿔보면 어떨까? '직원이 회사로부터 존중받는 경영', '직원이 회사로부터 존중받고 있다고 느끼는 경영'이 된다.

작은 회사가 끝까지 살아남으려면 경영 환경이 변할 때마다 유연하게 대응할 수 있어야 한다. 직원들이 '회사가 나를 소중히 여긴다.'고 실감할 수 있다면, 그 어떤 위기에 직면해도 직원들의 의욕과 동기, 책임의식은 줄어들지 않는다. 그러면 경영 환경이 아무리 어려워지더라도 '초인적인 힘'을 발휘해서 위기를 극복한다.

세상을 떠난 직원의 자녀도 돌보는 회사

2부에서 상세히 소개하겠지만, 나는 '고용 보장'이야말로 회사가 존재하는 가장 중요한 이유라고 생각한다. 직원이 육아, 간병, 질병 등으로 만족스럽게 근무하지 못하는 경우, 업무 시간을 단축하거나 재택근무로 전환하게 하는 등 고용 보장을 위해 여러 모로 아이디어를 생각해낸다. '고용을 보장받는다고 안심할 수 있어야 직원들은 최선을 다해 일할 수 있다.'는 믿음 때문이다.

오늘날 일본인 2명 중 1명이 암에 걸린다. 나도 47세 때 대장암 판정을 받았다. 암 환자 중 40%가 일을 하고 있는데, 그중 40%는 회사를 그만둬야 하는 상황으로 내몰린다. 일본레이저에는 신장을 양쪽 모두 떼어낸 직원도 있고, 현재 암 투병 중인 직원도 있다. 지금까지 암에 걸린 직원은 4명이 있었는데 안타깝게도 그중 3명이 세상을 떠났다. 하지만 나는 병에 걸렸다고 해서 그들에게 퇴직을 권고하지 않았다. 4명 모두 투병 중에도 재택근무 등 각자에게 편한 방식을 선택하게 해 일을 계속하게 했다.

상황이 악화되어 일을 할 수 없게 되더라도 결근으로 처리 하지 않았다. 나도 암 투병을 해보아서 잘 안다. 치료를 받는 것만으로도 너무나 힘든데, 그 힘든 항암치료를 마치고 돌아갈 직장이 없다고 생각하면 얼마나 우울해지겠는가? 나를 기다려 주는 회사가 있다면 더 열심히 치료에 전념하고, 빨리 나으려 고 노력할 것이다. 그래서 우리 회사는 실제로는 일을 하지 못 했던 기간에도 '일을 하고 있는 것'으로 간주하고 월급과 상여 를 평소와 똑같이 지급했다.

팡 치안이라는 중국 출신 여성 직원이 있었다. 워킹맘이었 지만 정말 유능해서 이른 나이에 관리자가 됐고, 차장으로서 장래가 촉망되는 인재였다. 나는 다른 직원과 함께 중국에 출 장을 갔다가, 쑤저우에서 팡의 부모님과 함께 식사를 하기도 했다. 그러던 어느 날 팡은 자신이 췌장암에 걸렸다는 사실을 알게 되었고, 앞으로 2개월밖에 살지 못한다는 시한부 판정을 받고 말았다. 나는 "요양하는 것이 자네의 일이네." 하고 이야기하고 그녀에게 집에서 근무하라고 했다. 그리고 결근 처리는 하지 않고 월급을 계속 지급했다.

그러나 너무나 안타깝게도 팡은 의사가 예측한 대로 2개월 정도 투병한 끝에 2016년, 42세라는 젊은 나이로 세상을 떠났다. 그녀에게는 여덟 살짜리 아들이 있는데, 현재 오사카 지사에서는 1주일에 한 번 그 아이를 돌봐준다. '팡의 아이는 우리 모두의 아이'라고 생각하기 때문이다. 아이는 학교 수업을 마치고 회사에 와서 엄마가 쓰던 책상에 앉아 공부를 한다. 퇴근시간 무렵 아빠가 데리러올 때까지 직원들이 수학을 가르쳐주기도 하고 학교생활에 대해 이야기를 나누기도 한다.

질병 때문에 일할 수 없게 된 직원에게 월급을 지급하는 것도, 세상을 떠난 직원의 아이를 계속해서 돌보는 것도 일본레이저가 '직원이 주어가 되는 회사'이자 '사람을 소중히 여기는 회사'이기 때문이다. '내게 무슨 일이 생기더라도 이 회사는 나와 내 가족을 지켜줄 것'이라는 믿음이 있어야 비로소 마음 놓고 최선을 다해 자기 실력을 발휘할 수 있다. 나는 그렇게 생각한다.

미국의 하드보일드 작가인 레이먼드 챈들러Raymond Chandler의 소설 《플레이 백Playback》에서 사립탐정인 필립 말로Philip Marlowe는 "강하지 않으면 살아갈 수 없고, 마음이 따뜻하지 않으면 살아갈 자격이 없다."는 말을 남겼다.

필립 말로의 대사를 나는 경영의 관점에서 이렇게 응용해봤다. '기업은 강하지 않으면 살아남을 수 없다. 그리고 사람을 따뜻하게 대하는 경영을 하지 않으면 기업으로서 가치가 없다.'

강함(돈을 많이 버는 것)과 따뜻함(사람을 소중히 여기는 것)이라는 두 마리 토끼를 모두 잡기란 쉽지 않다. 그러나 이것이 바로 사장의 책무다. 왜냐하면, '강하면서 따뜻한 회사'가 직원들의 사기와 의욕을 끌어올릴 수 있기 때문이다.

오늘날 중소기업은 다양한 문제를 끌어안고 있다. 인력이 늘 부족하고 생산성이 낮아 고전한다. 국가의 정책적인 지원도 물론 필요하지만, 기업이 계속해서 살아남으려면 결국 스스로 헤쳐 나가지 않으면 안 된다. '실적이 개선되고 나면 직원이 존중받는 환경도 만들 수 있을 것이다.'라고 생각하는 사람도 있지만, 나는 순서가 바뀌었다고 생각한다.

회사를 다시 일으켜 세우는 것, 성장시키는 것, 신규 사업을 개발하는 것, 시장을 개척하고 수요를 확대하는 것…. 이 모든 활동의 원동력이 되는 것은, 바로 직원들의 자발적 의지, 즉 모티베이션이다. 직원들이 '회사로부터 존중받고 있다.'고 느낀다면, 아무리 어려운 상황에 처하더라도 주인의식을 가지고 똘똘 뭉쳐 극복해 나갈 수 있다. 사람을 소중히 여기는 경영을 몸소 실천하고 직원들의 모티베이션을 끌어올릴 수만 있다면 어떤 기업이라도 반드시 재건하고 성장시킬 수 있다고 확신한다.

이 책이 부디 경영자와 구성원에게, 기업에 몸담고 있는 모든 사람들과 그분들의 가족들에게 조금이나마 보탬이 될 수 있다면 더할 나위 없이 기쁠 것이다.

23년 연속 흑자를 만들어낸 원동력

자발적으로 즐겁게, 고성과를 만들어내다

사장의 결심이 '회사'를 바꾸고, 사장의 진심이 '직원'을 바꾼다

주거래 은행조차 외면한 골칫덩이 회사

회사가 달라지기를 바란다면 사장이 결단을 해야 한다. 사장의 마음가짐이 달라져야 비로소 회사도 변모하기 때문이다. 일본레이저가 만성 적자에서 벗어날 수 있었던 것은 사장인 내가 직원들에게 진정성 있고 흔들림 없는 태도를 보여줬기 때문이라고 생각한다.

일본레이저는 신규 사무소 설립 등 과도한 투자 때문에 버블 붕괴 후 심각한 경영난에 직면했다. 눈덩이처럼 불어난 비용 때문에 채무초과 상태에 빠졌고 주거래 은행조차 외면했다. 도산 위기에 내몰렸던 1993년 당시 누적 채무액은 약 1억 8,000만 엔이었다.

앞에서도 말했지만, 일본전자 임원이었던 나는 1994년에 일본레이저 대표이사로 취임했다. 당시 50세로 임원 중에서 가장 젊었다. 11년간 노동조합 집행위원장직을 맡으면서 보여줬던 리더십, 해외 체류 중에 구축한 인맥과 외국어 구사능력, 국내 영업 실적 등이 임원으로 선임되는 데 어느 정도 작용했을 거라고 생각한다.

내가 대표이사로 취임하기 전까지 26년 동안 4명의 사장이 일본레이저를 이끌었다. 네 사람 모두 모회사인 일본전자에서 파견된 사람들이었다. 초대 사장은 일본전자에서 개발 담당 상무를 겸임한 미즈마로, 과거 해군 소속의 시마다島田 실험소(제2차 세계대전 중인 1944년 일본 해군이 설립한 연구 기관으로 레이저 관련 무기 개발을 추진했다. - 옮긴이) 소장까지 지냈던 거물이다.

2대 사장은 주거래 은행 출신으로 일본전자 전무를 역임한 야마지였고, 3대 사장은 일본전자에서 레이저 분야 엔지니어로 근무했던 나카무라인데, 모노즈쿠리 정신(최고의 제품을 만들기 위해 혼신의 힘을 쏟는 것 - 옮긴이)이 강한 사람이었다. 이 시기에 2대 사장인 야마지는 일본전자 회장으로 취임했다. 그리고 4대 사장은 일본전자 해외 주재원 간부 출신인 다쿠보로, 외국어에 능통해서 해외 업체와 연락을 주고받을 때 강점을 보였다.

야마지 일본전자 회장이 일본레이저 2대 사장으로 재직하던 당시에 한 직원에게 수모를 당한 적이 있다고 한다. 그 직원은 야마지 회장 바로 앞에서 이렇게 이야기했다.

"사장님은 좋으시겠어요. 경제신문 읽는 거 말고는 딱히 하는 일도 없는데 월급은 또박또박 제때 받아가니 말이에요."

회사가 어려워서인지 도의에 어긋나는 말과 행동을 하는 사원들이 종종 눈에 띄었던 시절이었다. 여기에 더해 4대 사장과 2대 회장 콤비는 회사를 더욱더 위기로 내몰았다. 5년 동안 3년간 적자를 기록했고 주주들에게 배당을 주지 못한 것도 세 차례나 됐다. 그 결과 일본레이저는 채무초과 상태에 빠졌고 주거래 은행은 아무리 일본전자가 보증을 서준다고 해도 더 이상 돈을 빌려줄 수 없다며 등을 돌렸다.

직원들의 뿌리 깊은 불신과
믿었던 상무의 배신

5대 사장으로 취임한 나는 사원들의 일거수일투족을 면밀히 관찰하고, 출금전표 한 장 한 장을 꼼꼼히 관리했다. 은행 돈은 더 이상 빌릴 수 없으니 급한 대로 본사로부터 1억 엔을 빌렸다. 그리고 그 돈은 당장 필요한 곳에 사용했다.

어떻게 회사를 되살릴지 전략을 짜야 했기 때문에 그만큼 관리를 세세하고 촘촘하게 할 수밖에 없었다. 그와 동시에 먼저 사원 교육, 간부 회의, 전사 회의, 사보 등 다양한 채널을 통해 회사가 어떻게 돌아가고 있는지를 알리고 정보를 공유했다. 그리고 매출 총이익을 관리하는 데 집중해서 체질을 개선했다. 그 결과 재무 건전성은 점차 회복되어갔다.

그런데 재무 상황은 분명 호전되고 있었지만, 나에 대한 직원들의 불신은 여전히 뿌리가 깊었다. 모회사 임원 자리를 유지한 채로 일본레이저 사장을 겸임하는 모습을 보고 온갖 의심을 품은 것이다.

"곤도 사장은 출세에 눈이 멀어 우리 회사를 마른 걸레 쥐어짜듯 하는 게 아닐까?"

"실적이 반짝 좋아지면 금세 모회사로 돌아가겠지?"

"모회사도 형편이 어려운 건 마찬가지인데 하물며 자회사 직원들을 최우선으로 생각한다는 게 말이 돼?"

설상가상으로 전혀 예상하지 못했던 상황마저 벌어지고 말았다. 일본레이저 창립 멤버 출신인 상무 한 명이 내게 반기를 든 것이다. 해외에서 높은 시장점유율을 차지하는 거래처인 P사를 들고 회사를 나가버렸다. 그는 P사와 물밑 접촉을 하며 이런 거짓말을 유포하고 다녔다.

"이번에 일본전자에서 곤도라는 해결사를 내려 보냈는데, 이 사람을 사장 자리에 앉힌 것은 당신들 제품을 모방해서 자체 제작하려는 속셈 때문이다. 일본레이저는 당신들의 경쟁자가 되려고 한다."

그리고 거기다 덧붙여 이런 제안까지 했다는 것이다.

"이참에 일본레이저와 거래를 끊고 당신들이 직접 일본 법인을 세우면 어떤가? 일본 법인장은 내가 맡아서 열심히 해보겠다. 나에게 기회를 달라."

결국 나는 그 임원과 유력 거래처를 동시에 잃게 되었다.

하지만 이런 역경 속에서도 나는 일본레이저의 경영 합리화 작업을 착착 진행하고 새로운 판로를 개척했다. 그 결과 취임한 첫 해에 2,000만 엔의 흑자를 기록했고, 이듬해에도 흑자를 달성하여 누적 적자를 완전히 해소했다. 또한 1997년에는 불량 채권과 불량 재고를 정리하여 재무제표도 개선했다. 2년 만에 흑자 전환에 성공하자 모회사의 인사 담당 전무가 나를 찾아와 격려하며 이렇게 말했다.

"곤도, 자네는 도박판에서 승리한 셈이네."

채무초과의 늪에 빠진 자회사를 건져 올리는 일은 모회사 입장에서도 '도박'이나 다름없었던 것이다.

"선원들을 버리고 나 혼자 배에서 내리는 일은 절대로 없을 것입니다."

솔직히 말하면 원래 나는 일본레이저에 뼈를 묻을 생각이 없었다. 모회사 경영진은 내게 이렇게 말했다.

"자네는 최연소 임원인 데다 미국 법인과 일본전자 본사의 경영 정상화 과정을 경험한 바 있네. 노사 관계 업무도 경험했고 영어도 잘하지 않나. 자네만 한 인물이 없으니 한번 해보게. 잘 부탁하네."

그렇게 해서 나는 일본레이저로 파견되었고 회사를 정상화하고 난 뒤에 일본전자로 돌아가는 것이 당초 계획이었다. 솔직히 일본레이저를 멋지게 재건시켜놓은 후에 그 실적을 전리품 삼아 모회사로 돌아갈 생각이었다.

어쩌면 부임한 지 1년 만에 회사가 흑자로 전환했는데도 직원들의 반발과 불신이 계속되었던 것은 나의 이런 생각이 빤히 보였기 때문일 것이다. 회사에서 중요한 역할을 하는 사장이 '임시로 일한다.'고 생각하고 있으면 직원들도 다 안다.

사장이 그런 마음인데, 직원들이 회사를 다시 일으켜 세우는 데 힘을 보태고 싶을까? 만일 회사에 무슨 일이 생겼을 때, 사장 혼자 자리를 보전하고 돌아갈 곳이 있다면 직원들의 마음이 어떨까? 위험한 작업장에서 자기 혼자 안전모를 쓰고 있는, 그런 사장을 과연 믿고 따를 수가 있을까?

어느 날 직원들끼리 이런 이야기를 하는 것을 우연히 듣고 나는 깜짝 놀랐다.

"뭔가 좀 웃기지 않아? 아무래도 곤도 사장의 실적을 만드는 데 우리가 이용당하고 있는 것 같아. 사태가 좀 수습되면 결국엔 본사로 돌아가지 않겠어? 일본전자로 돌아가면 유력한 사장 후보가 되는 건가? 곤도 사장은 운도 참 좋아."

그들이 보기에는 웃기는 일일 수밖에 없었다. 내가 본사 임원을 겸임하는 이상 직원들의 의욕과 충성심은 제자리걸음을 하거나 점점 하락해 땅에 떨어질 것이 자명했다. 그래서 나는 일본전자에서 커리어를 쌓는 일과 일본레이저를 재건하는 당면 과제 사이에서 갈등했다.

결국 나는 취임 2년차가 되던 해에, 6년간 역임했던 일본전자 이사직에서 물러나 배수의 진을 치고 일본레이저 업무에만 전념하기로 결심했다. 그러한 결심을 실행에 옮겨 일본전자 이사직에서 물러났고, 우리 회사 직원들에게 이렇게 공표했다.

"나는 일본레이저라는 배의 선장으로서 직원 여러분 모두와 항해를 떠날 것입니다. 선원들을 버리고 도중에 나 혼자 배에서 내리는 일은 절대로 없을 것입니다. 반드시 전 직원의 고용을 보장하겠습니다. 따라서 회사를 재건할 수 있도록 여러분 모두가 한마음으로 도와주었으면 합니다. 만약 내가 내린 방침에 찬성할 수 없다면 그만둬도 괜찮습니다. 그렇지만 내가 사장인 이상 절대로 해고는 하지 않겠습니다."

이런 나의 결단이 회사를 변모시켰다. 부정적인 감정이 팽배했던 사내 분위기가 크게 달라졌고, 추진 중이던 경영 쇄신 전략은 더욱 탄력을 받았으며, 재건 2년차부터 주주들에게 배당을 다시 지급할 수 있을 정도로 성과가 개선됐다.

결국 회사의 미래는 사장이 어떤 마음을 먹느냐에 달렸다. 따라서 남의 일처럼 여겨서는 안 된다. 사장은 자신이 얼마만큼 진심을 다하고 있는지를 주변 사람들에게 보여줘야 한다. 사장이 진심을 보여주면 직원들도 결국 진심을 보이게 마련이다. 그리고 직원들이 진심을 보여야 회사도 다시 일으켜 세울 수 있다.

묻지도 따지지도 않고
잘 웃는 사람에게 인센티브 주는 회사

좋은 소식은 웃으며 듣고,
나쁜 소식은 더욱 웃으며 듣는다

회사를 재건하는 데, 아니 회사가 돌아가는 데 꼭 필요한 핵심 요소는 직원들의 의욕과 동기, 즉 모티베이션이다. 모티베이션 말고는 아무것도 없다! 일반적으로 사장이 실무까지 세세히 챙길 수는 없기 때문에 담당 직원에게 일을 맡긴다. 이것은 달리 말하면, 각각의 직원이 성장하지 않으면 회사도 성장할 수 없다는 뜻이다.

흔히들 '중소기업의 성장 여부는 사장의 능력에 달려 있다.'고 이야기한다. 그러나 나는 '직원들이 성장하지 않으면 회사도 성장하지 않고, 직원의 모티베이션이 강하면 회사도 자연히 성장한다.'고 주장한다. 그렇다면 어떻게 해야 모티베이션을 끌어올릴 수 있을까? 비용과 시간을 전혀 들이지 않고 할 수 있는 방법이 2가지 있다. 바로 '사장이 미소를 짓는 것'과 '사장이 직원들에게 이야기를 건네는 것'이다.

나는 사람의 마음을 여는 데 미소만큼 확실한 방법은 없다고 믿고 있다. 그래서 40년 전부터 마음먹고 실천하는 것이 하나 있다. 그것은 바로 '좋은 소식을 보고받을 때는 미소를 띠고, 좋지 않은 소식을 보고받을 때는 더욱 미소를 띠자.'는 것이다.

내가 이런 결심을 하게 된 계기가 있었다. 일본전자 재직 시절에 겪었던 일이다. 현장에서 발생한 문제에 대해 사장에게 보고를 하는 자리였다. 사장은 내 말을 중간에 끊더니 노골적으로 인상을 쓰며 "알았으니까 이제 그만 됐어."라고 짧게 대답할 뿐이었다. 문제를 어떻게 해결하면 좋을지, 내가 제안한 해결책은 어떤지, 피드백은커녕 오히려 귀찮다는 말투였다. 나는 답답한 마음에 다음 날 한 번 더 사장실로 가서 같은 내용을 보고했다. 그랬더니 그는 이렇게 일갈했다.

"곤도, 자네도 참 집요하구만. 우리 회사는 기술력이 탁월

하니 영업은 그저 엔지니어들이 만든 제품을 해외에 잘 팔기만 하면 되는 걸세. 이제 좀 그만하게!"

나는 그 순간 회사에 위기가 찾아왔음을 뼈저리게 느꼈다. 사장이 회사를 새롭게 변신시킬 중요한 기회를 바로 눈앞에서 무시해버렸기 때문이다. 경영진이 이렇게 무사안일한 태도를 보이면, 직원들은 문제가 터져도 사실대로 보고하기보다는 감추고 싶어 한다. 그렇게 작은 문제들을 계속 감추거나 무시하거나 해결을 미루다 보면, 언젠가는 걷잡을 수 없이 커져서 회사를 집어삼킬 수도 있다.

더군다나 사장이 직원들의 이야기에 귀를 기울이지 않으면, 회사의 발전은 요원한 일이 되고 만다. 이런 일을 겪은 뒤에 나는 '내가 사장이 되면 좋은 소식뿐만 아니라 좋지 않은 소식도 웃는 얼굴로 보고받겠다.'고 결심했다.

나는 '미소 짓기'야말로 '사장이 반드시 해야 할 일'이자 '사장이 반드시 갖춰야 할 능력'이라고 생각한다. 사장이 인상을 쓰고 있으면 직원들은 "말 걸지 마!" 또는 "가까이 오지 마!"라는 뜻으로 해석한다. 이런 상황이 지속적으로 반복되면 직원들은 심리적으로 위축될 뿐 아니라 '사장이 불편하게 여기지 않을 이야기'만 추려서 보고하는 예스맨이 될 수밖에 없다. 칭찬받을 이야기도 무서워서 못하는데, 잘못한 것이나 실수한 것을 어떻게 이야기하겠는가?

이와 반대로, 사장이 늘 미소를 띠고 있으면 "언제든 내게 이야기해주게.", "무슨 이야기든 받아들일 준비가 되어 있네."라는 메시지를 전달하는 것과 다름없다. 당연히 회사 분위기가 밝아지고 의사소통이 원활해진다. 직원들에게 미소를 보여주고 이로써 회사 분위기를 밝고 즐겁게, 따스하고 편안하게 만드는 것 역시 사장이 해야 할 매우 중요한 일 중 하나다.

할 말 있으면 반드시 하고, 불만은 톡 까놓고 해결한다

우리 회사에서는 6개월에 한 번씩 직원 면담을 진행하는데, 그 자리에서 직원들이 내게 신랄한 비판을 쏟아낼 때도 종종 있다. 이럴 때에도 나는 그들에게 미소 띤 얼굴로 "이야기 잘했네. 알려줘서 고맙네."라고 말한다. 관리부 총무 과장인 노나카 미유키는 내가 "무슨 일이 있더라도 미소를 잃지 않고 절대로 언성을 높이는 법이 없는 사람"이라고 이야기한다.

우리 회사는 누구든 할 말이 있으면 반드시 할 수 있는 분위기다. 사례를 하나 소개하자면 이렇다. 우리 회사는 지금까지

8명의 외국 대학 출신 인턴 사원을 받았다. 인턴십 접수 사무국에서 근무하는 여성 직원 2명은 어느 날, 상사와 사장에게 보고하지 않고 전 직원을 대상으로 '인턴십 프로그램에 관한 설문조사'를 진행했다. 원래 구매 그룹 소속인 이들에게 내가 접수 사무국 업무도 함께 시키면서부터 불만이 쌓였던 것이다. 설문조사 결과는 우리 회사 사보인 〈JLC 뉴스〉에 실렸다. 결론은 이랬다.

인턴십 프로그램을 가동한 지 3년이라는 시간이 흘렀지만 성과는 별로 없는 것 같다. 인턴십 프로그램에 대해서 그다지 관심이 없는 사람이 경영진 중에도 있는 것 같다. 앞으로도 인턴십 프로그램을 계속 운영하고자 한다면 우리 같은 직원이 아니라 경영진이 책임감을 가지고 관리해 나가야 할 것이다.

요약하면 '사무국 직원들의 부담이 크니, 이제부터는 경영진이 직접 챙겼으면 좋겠다.'며 나를 간접적으로 비판하는 것이었다. 나는 이에 대해서도 웃으면서 받아들이고는 사무국을 맡고 있는 두 직원에게 이렇게 이야기했다.

"〈JLC 뉴스〉에 정말 좋은 내용이 실렸던걸? 나는 솔직히 사무국의 부담이 그리 큰 줄은 몰랐네. 어떻게 하면 좋을지 생각해보겠네. 알려줘서 정말 고맙네."

그리고 전사 회의에서도 이렇게 말했다.

"인턴십은 상당히 손이 많이 가는 프로그램입니다. 그런데도 회사가 충분히 관심을 가져주지 않으면서 직원 2명에게만 모든 걸 맡겨버린 것은 사장으로서, 그리고 임원으로서 깊이 반성할 일입니다."

나의 이런 모습을 본 두 직원은 자신들의 의견이 제대로 전달된 것에 안심하고, 더 이상 불만을 토로하지 않았다.

미소는 '성격'이 아니라
훈련 가능한 '능력'이다

상대방에게 좋은 인상을 심어주는 '미소 짓는 능력'은 사장이나 상사뿐만 아니라 직원들에게도 필요하다. 일본레이저에서는 직원 개인의 '대인對人 대응력(태도)'을 평가하고 그에 따른 수당을 지급한다.

대인 대응력을 평가하는 데 크게 좌우하는 요소가 바로 '미소'다. 신입사원은 기본 수당인 월 4,000엔에서 출발하여 미소, 답장, 인사, 자세 점수에 따라 최대 2만 엔까지 받을 수 있다.

우리 회사에서 미소는 '성격'이 아니라 '능력'이다. 밝고 쾌활한 모습을 단지 타고난 성격이라고 간주하면 개선할 여지는 완전히 사라지고 만다. 그러나 이것 또한 '능력'이라고 받아들이는 순간, 갈고닦아야 할 훈련의 대상이 된다.

나는 서른 살 때부터 미소 짓기 연습을 꾸준히 했다. 명함을 입술 사이에 끼우고 수평을 유지하려고 노력했다. 이렇게 하면 양쪽 입 꼬리가 올라가 미소를 지을 수 있다.

기업 인수합병과 직원들의 이직이 다반사로 일어나는 서구의 기업들에 가보면 내부에서는 항상 팽팽한 긴장감이 감돈다. 그런데도 그들은 언제나 입가에 미소가 떠나지 않는다. 무뚝뚝한 얼굴로 상대방을 대하는 법이 없다. 서양인에 비하면 동양인들은 조금 굳어진 표정을 하고 있는 경우가 많다. 나 역시 미국에서 일하는 동안 '이 사람들을 대할 때는 적당한 긴장감을 갖고 미소를 유지해야겠구나.' 하고 생각했다. 우리 회사 시스템 기기부의 임원인 츠루타 하야토 역시 '서양 사람들을 만날 때에는 일본인 특유의 무표정한 모습에서 탈피할 필요가 있다.'고 생각하고 나처럼 항상 미소 짓는 연습을 한다.

미소를 지으면 업무에서나 인간관계에서나 더 적극적인 마음가짐을 가질 수 있다. 어떤 일이 생기더라도 당황하지 않고

'인상 써봐야 뭐가 달라지겠어? 어떻게든 다 잘될 거야.' 하고
대범하게 받아들일 수 있다.

스스럼없는 일상 대화가 서로의 성장을 이끈다

미국에서 주재원으로 근무할 때 '미국식 경영'을 접한 나는 '개
인주의'의 한계를 절감했다. 하루 종일 임원 집무실에 틀어박혀
있다 보니 전사적으로 정보를 교환할 기회가 전혀 없었다. 직
원들이 어떤 말을 주고받는지, 어떤 표정으로 일하는지 아무것
도 알 길이 없어 답답했다. 영업부, 개발부, 서비스부 등 부서
간 교류도 거의 없는 듯했고, 서로 누가 무슨 일을 하는지 잘
모르니 협력은 꿈도 꾸지 못할 일이었다.

이런 상태라면 회사가 위기에 빠져도 조직적으로 역량을 발
휘할 수 없다. 위기상황이 아닐 때도 경영자와 직원, 또는 직원
과 직원 사이에 소통이 제대로 이뤄지지 않으면 조직도 개인도
더 이상 성장할 수 없다.

일본레이저는 다양한 배경을 가진 직원들을 공정하게 평가
하기 위해 매년 직원들의 의견을 반영하여 취업규칙(인사·처우
제도)을 개선하고 있다. 그러나 제도와 구조는 아무래도 그 속
성상 경직된 것일 수밖에 없다. 직원들의 의욕과 동기를 북돋

우려면 '사장과 직원이 친밀하고 깊이 있는 인간관계'를 구축해야 한다고 생각한다.

우리 회사에는 사장실이 따로 없다. 다 같이 한 사무실에서 일하는데, 나는 사무실에 있을 때 언제나 직원들과 '가벼운 대화'를 스스럼없이 나누려고 노력한다. 사무실 안을 돌아다니다 마주치는 직원들에게 가볍게 말을 건네면 사내 의사소통이 활발해지고 분위기도 한층 밝아진다. 그런데 이때 무슨 이야기를 하는가가 중요하다.

안부도 하루 이틀이지 매일 "잘 지내나요?" 하고 단순하게 인사하는 것은 의사소통에 별 도움이 안 된다. 그보다는 "그때 그 일은 잘 진행되고 있어요?"라거나 "'이번 주에 느낀 점'을 읽어봤는데 내용이 참 좋던데요?"처럼 일과 관련한 이야기를 건넨다. 그런 이야기 속에는 '당신이 무슨 일을 담당하는지 잘 알고 있고 늘 관심을 갖고 있다.'는 메시지를 함께 전달할 수 있다.

이런 커뮤니케이션 자체가 직원들에게는 일종의 교육 기회가 되기도 한다. 나는 '일상에 대한 스스럼없는 대화가 직원의 성장을 촉진한다.'고 믿는다. 그래서 우리 회사는 사내에서 '진정성 있는 자기 이야기'와 '업무와 관련한 잡담'을 가급적 많이 나누라고 장려한다.

앞에서 말했듯이 우리 회사에는 사장실이 따로 없고, 사무실은 그냥 하나의 큰 방이다. 공간 구분이 없는 한 층에 모든 부서가 모여 있다. 전 직원이 같은 공간에서 근무하기 때문에 직원들도 내게 쉽게 말을 걸 수 있다. 또한 직원 생일 파티, 여행, 송년회, 창립 기념일 파티 등 여러 이벤트를 열어 직원들이 서로 소통할 수 있는 기회를 적극적으로 늘려가고 있다.

여담이지만 직원의 생일에는 내가 자필로 쓴 축하 카드와 함께 조그마한 선물을 준비한다. 이런저런 파티에는 파트타임 직원과 사무실 환경미화원도 초대한다. 오사카, 나고야 지사에서 근무하는 직원들의 경우에는 도쿄 본사로 이동하는 데 필요한 경비와 숙박비를 지원한다.

5년 전에는 본사 건물의 일부 공간을 개조해서 라운지를 만들었다. 직원들은 라운지에서 담소를 나누거나 업무를 마친 후 간단히 술을 한잔 마시기도 한다. 회사 냉장고에는 캔 맥주가 항상 채워져 있는데, '혼술 금지', '음주 후 업무 금지'와 같은 몇 가지 규칙만 지키면 누구든 자유롭게 마실 수 있다.

본사에서 멀리 떨어져 있는 오사카, 나고야 지사의 직원들과는 직접 얼굴을 볼 수 있는 기회가 1년에 몇 번 안 되기 때문에, 매주 진행하는 아침 미팅에서 화상회의 시스템을 통해 적극적으로 커뮤니케이션하고 있다. 오사카 지사에서 근무하는 니시모토 도시유키는 이렇게 이야기한다.

"본사의 곤도 사장님이 늘 가까운 곳에 계신 것처럼 느껴져요. '저 직원은 이런 생각을 하고 있고 이러이러한 특징이 있으니 이런 일을 맡겨보는 것은 어떤가?'라고 말씀하실 만큼 직원 한 사람 한 사람에 대해서 정말 면밀하게 파악하고 계십니다."

직원들이 쓴
5만 5,000통의 이메일

팩트 중심의 업무 보고가 아니라

'이번 주에 느낀 점'

직원들의 모티베이션을 높이려면 사장 혹은 상사가 직원 개개인에게 적극적으로 다가가 마주해야 한다. 무슨 생각을 하고, 어떤 어려움이 있는지, 무엇이 되고 싶은지 등을 알아야 한다. 그리고 이를 위해 일본레이저는 2007년부터 '이번 주에 느낀 점'이라는 제도를 도입했다. 우리는 보통 고난을 겪을 때 무엇인가를 깨닫는다. '이번 주에 느낀 점'은 직원들이 이번 주에 어떤 어려움을 겪었고, 이에 대해 어떻게 대처했는지를 작성해 상사에게 보고하는 것이다.

우리 회사의 전 직원은 매주 금요일 퇴근 전까지 '이번 주에 느낀 점'을 작성하여 상사와 담당 부서 임원에게 이메일로 보고한다. 다른 임원과 동료 직원들은 참조자로 설정한다. 그 주에 업무을 진행하면서 겪은 어려움이나 문제뿐만 아니라 일상에서 겪었던 실패·실수·질병·상처에 대해서 혹은 불쾌했던 일에 대해서 써도 된다. 어떤 주제든 상관없다. '배탈이 났다.', '숙취로 고생했다.'와 같은 내용은 괜찮지만, '단순 업무 보고'로 팩트만 나열해서는 안 된다는 규칙이 있다.

부하직원이 '이번 주에 느낀 점'을 정리해서 보내면, 메일을 수신한 상사와 담당 임원은 반드시 부하직원에게 회신 메일을 보내야 한다. '이번 주에 느낀 점' 제도를 운영하면서 얻은 성과는 크게 4가지다.

첫째, 직원들이 눈에 띄게 성장한다.

직원들은 '이번 주에 느낀 점'을 작성하면서 '당면한 문제를 어떻게 처리했고', '앞으로 더욱 성장하기 위해 이번 경험을 어떻게 활용할 것인지'에 대해 생각할 기회를 가질 수 있다. 이번 주에 느낀 점을 문장으로 표현하고 상사의 피드백(타인의 의견)을 들어보는 일련의 과정은 업무적으로든, 개인적으로든 성장하는 데 중요한 밑거름이 된다.

'이번 주에 느낀 점'에는 자신이 경험했거나 보고 들은 내용에 대해 논평을 달아서는 안 되고 자신의 '결심'을 드러내야 한다. '이런 것을 해보고 싶다.'고 적으면 안 된다. 단순히 '하고 싶다.'가 아니라 '그렇게 하겠다.'로 고쳐 쓰도록 지시한다.

연말까지 1억 엔을 수주하고 싶다. (×)
연말까지 1억 엔을 수주하겠다. (○)

'그렇게 하겠다.'가 아니라 '그렇게 했다.'라는 과거형 문장을 쓰도록 하는 것이 직원의 성장에 더 도움이 된다.

연말까지 1억 엔을 수주했다. (◎)

위와 같이 과거형으로 써보면 '달성하기까지의 과정'을 머릿속에 쉽게 그려볼 수 있기 때문에 실현 가능성이 더욱 높아진다.

둘째, 내부 커뮤니케이션이 더욱 활발해진다.
우리 회사처럼 직원이 55명인 작은 기업에서도 직원 각자가 업무상 겪는 어려움이나 가족의 대소사를 파악하는 것은 쉽지 않은 일이다. 그러나 '이번 주에 느낀 점'을 읽어보면 '어떤 일을 하고 있고, 어떤 생각을 하는지'를 서로 쉽게 알 수 있다.

직원들에게 미소를 보이고 회사 분위기를 밝고 즐겁고 따뜻하게 만드는 것은 사장의 중요한 업무다. 그러기 위해서는 직원들의 장단점, 업무에 관한 즐거움과 괴로움을 진지하게 헤아려야 한다. 상사가 부하직원에게 말을 건넬 때 '이번 주에 느낀 점'에 언급된 내용을 주제로 삼으면 더욱 원활하게 소통할 수 있다.

셋째, 리더의 능력을 평가할 수 있다.

직원들이 이메일을 작성할 때는 물론이고 상사나 임원이 직원에게 답장이 쓸 때도 나를 참조자로 넣고 있다. 그래서 나 역시 직원들과 상사들이 주고받은 메일을 매주 100~125통 정도 받아서 읽는다. 나는 모든 메일의 내용을 훑어보는데, '부하직원에게 어떻게 답장했는지'를 보면 그 임원의 스타일이나 관점을 파악할 수 있다. 우리 회사의 리더에게 필요한 능력은 다음의 3가지다.

첫째, 경영 능력/영어 구사능력
둘째, 담당 사업에서의 실적

셋째, 누구라도 자기 사람으로 끌어들일 수 있는 인덕

임원이 부하직원과 주고받는 메일의 내용을 보면 상대방을 얼마나 진중하게 대하고 있는지, 그리고 부하직원 또한 임원을 어느 정도로 신뢰하고 있는지 파악할 수 있다.

넷째, 회사의 경영 이념과 경영 방침을 전달할 수 있다.

'이번 주에 느낀 점' 제도를 시행한 후로 3년 동안 나는 토요일과 일요일 대부분을 모든 메일에 답장을 쓰는 데 할애했다. 요즘에는 업무가 늘어나 다른 임원이 대신 답장을 하지만, 회사의 이념과 경영 방침과 관련한 내용을 다룰 때에는 여전히 직접 답장을 쓴다. 그리고 전 직원을 참조자로 하여 송부한다.

이는 사장이 중요하게 생각하는 점과 우리 회사의 경영 이념을 모든 구성원들에게 전달하기 위한 것이다. 이렇게 회사의 존재 이유나 핵심 가치에 대해 상시적으로 대화를 나누게 되면, 이슈가 있을 때마다 수시로 신속하게 경영 방침을 전달할 수 있기 때문에 불필요한 오해와 불신이 줄어든다. 또한 회사가 나아가고자 하는 방향을 명확하게 보여주는 것이야말로 '직원을 소중히 여기는 문화'의 밑거름이 된다.

우리 회사 직원들은 '이번 주에 느낀 점'에 실제로 어떤 내용을 쓰고 상사는 어떻게 답장하고 있을까? 몇 가지 사례를 소개하겠다.

바바 히로키(부하직원) → 모로하시 아키라(상사)

제목: 모로하시 이사님께(다른 임원과 동료들을 참조자로 송부)

지난주처럼 나흘을 회사 밖에서 보냈습니다. 영업팀 내에서만 보자면 평균에 가깝지만 저 개인을 따로 떼어놓고 보면 작년보다는 확실히 외근이 잦아졌습니다. 그러다 보니 메일 회신이나 전화 대응이 늦어지기 일쑤여서 거래처로부터 재촉 당하는 경우도 많습니다.

영업팀 내에는 고객 요청에 신속하게 대응하는 직원들이 꽤 있는데 저는 그러지 못해서, 그 사실만큼은 반성해야 할 것 같습니다. 앞으로는 신속히 대응할 수 있도록 노력하겠습니다.

바바는 대기업에서 근무하다가 일본레이저로 이직하여 2017년부터 영업팀 과장으로 근무하고 있다. 바바가 털어놓은 고충과 반성에 대해 모로하시 이사는 다음과 같이 회신했다.

모로하시 아키라(상사) → 바바 히로키(부하직원)

제목: 바바 과장께(상사의 회신 내용)

기술직에서 영업직으로 옮겨오다 보니 매일매일 많은 것을 깨닫고 있군요. 영업직에게 외근이 많은 것은 사실이지만, 고객들은 기다려주지 않는다는 것도 명심하면 좋겠습니다. 외향적인 자세(대담함)와 내향적인 태도(치밀함) 모두를 겸비해야 합니다. 영업팀 내에 모범이 되는 상사나 직원들을 본받아서 고객의 요청에 정중하면서도 신속하게 대응하기를 바랍니다.

한 가지 덧붙이자면, 완벽히 답할 수 없는 상황이라면 단 몇 글자라도 신속하게 회신해보세요. 그렇게만 해도 상대방은 존중받는 기분이 들고, 바바 과장이 느끼는 심리적 압박도 훨씬 줄어들 것입니다.

나가노 마유미(부하직원) → 벳푸 마사미치(상사)

제목: 벳푸 관리 부장님께(다른 임원은 참조자로 송부)

사사키 이사님께서 말씀해주신 덕분에 O사社의 견적서에 '8일 이내 지불 시 2% 할인'이라는 조항이 있다는 것을 알게 됐습니다. 이사님은 '연간 30만 엔 정도의 매입 건이 발생하니 할인 금액은 총액으로 따져보면 꽤 큰돈이므로 회사

손익 개선에 도움이 된다. 그러니 이번에 한번 할인을 받아 보고 문제가 없으면 전사 차원에서 확대시켜보는 것에 어떻겠느냐.'고 조언해 주셨습니다.

경리부서는 수익을 창출하기 위한 곳은 아니지만, 업무처리 속도 관점에서 따져보고 조금이라도 도움이 된다면 적극적으로 추진하겠습니다.

아울러, 서류 내용을 꼼꼼히 살피고 매사에 솔선수범하시는 사사키 이사님의 신중함과 행동력을 귀감으로 삼겠습니다.

나가노는 경리 업무를 담당하는 파견 사원이었으나, 우리 회사에서 정규직 전환을 제안했고, 그 후 토익 700점 기준을 통과하여 과장으로 발탁되었다. 정직원이 된 후 회사 운영에 대해 적극적으로 고민하고 행동하는 직원으로 변모했다.

다음은 나가노 과장의 이메일에 대한 벳푸 부장의 회신 내용이다.

제목: 나가노 경리 과장께(상사의 회신 내용)

최근 일본 은행의 예금금리는 거의 0%에 가까운 상황이기 때문에, 취급이자 할인료 측면에서 접근하는 것이 유리할 때가 많습니다(특히 해외 공급 업체의 경우). 앞으로도 비슷한 경우가 발생하면 그때그때 면밀하게 검토하도록 합시다. 회사 명의로 가입되어 있는 은행의 무료 경영 상담 서비스를 효율적으로 활용하는 모습을 보니 역시 나가노 과장답습니다. 앞으로도 잘 부탁해요.

'이번 주에 느낀 점' 제도를 시작한 이후로 내가 받은 이메일이 벌써 5만 5,000통이나 된다. 직원들의 성장 과정이 고스란히 담겨 있어서 나 역시 배우고 느끼는 점이 많다. 이 5만 5,000통의 메일은 그야말로 우리 회사의 보물이다.

'이번 주에 최선을 다한 점'으로
인정과 칭찬을 동시에

2016년 가을부터는 '이번 주에 느낀 점'과 더불어 '이번 주에 최선을 다한 점'에 대해서도 보고를 하기로 했다. 전 직원이 매주 금요일 퇴근 전까지 '이번 주에 자신이 최선을 다한 점'에 대해서 본인의 직속 상사와 담당 임원에게 이메일로 보고한다. 마찬가지로 다른 부서 임원과 동료 직원은 참조자로 설정해서 송부한다.

'이번 주에 느낀 점'은 앞으로의 결심을 드러내는 공간이므로 '실제로 했는지 안 했는지', '할 것인지 하지 않을 것인지'에 대해서는 알 수가 없다. 그러나 '이번 주에 최선을 다한 점'은 이번 주에 자신이 실제로 경험한 것을 어필하는 공간이다.

'이번 주에 느낀 점'이 '미래를 향한 결심'이라고 한다면 '이번 주에 최선을 다한 점'은 '과거에 대한 반성'이다. 이 2가지를 병행함으로써 과거와 미래를 함께 정리할 수 있게 되었다.

'이번 주에 최선을 다한 점' 역시 업무에 관한 것이든, 개인적인 것이든 내용은 제한이 없다. '감기몸살을 앓고 있는 아내를 대신해서 아이의 도시락을 준비했다.'든지 '영업 담당자 전원이 외근 중이라서 사무원인 내가 견적서를 대신 작성했다.'는 내용을 써도 상관없다.

우리는 누구나 자신의 존재와 자신이 한 행동에 대해 타인의 인정을 받고 싶어 하는 욕구를 가지고 있다. '이번 주에 최선을 다한 점'을 작성하면 자신이 한 행동을 남에게 인정받을 수 있기 때문에 이런 욕구를 채울 수 있다. 누구나 칭찬을 받으면 기분이 좋아질 뿐만 아니라 '더욱 분발해야겠다.'는 의욕이 생기고 '나도 누군가에게 도움이 될 수 있다.'는 기쁨을 느낀다. '이번 주에 최선을 다한 점'에는 어떤 내용이 들어가는지 몇 가지 사례를 살펴보자.

■ **계속되는 출장 _ 사사키 준**

포토닉스 웨스트 박람회(Photonics West, 매년 미국 샌프란시
스코에서 개최되는 미국 최대 광光 산업 전시회 – 옮긴이)에 참석
하기 위해 1주일간 미국 출장을 다녀왔다. 귀국 후에 공항
에서 곧바로 회사로 들어와 밀린 업무를 처리했고, 다음 날
아침에 다시 프랑스로 10일간 출장을 떠났다.

시차도 있는데 미국과 유럽 출장을 연속해서 가다니, 무시
무시한 스케줄이다. 나도 40대였을 때는 보스턴과 도쿄 사이를
자주 오가고는 했는데, 체력이 뒷받침되지 않으면 도저히 소화
할 수 없는 일이다. 어디까지나 사사키가 41세의 젊은 이사라
가능한 일이다.

■ **업무영역을 확실히 정리해야 _ 고노 슌이치**

나고야 출장 중에 M사로부터 연락을 받았다. 제품인증 심
사에 입회해달라는 것이었다. 다음 날 바로 와달라고 무리
하게 요구하기에 우리 회사에는 당장 대응할 사람이 없다고
거절했다.

하지만 히토시 씨와 상의한 결과, 결국 내가 참석하는 것으로 결정됐다. 이렇게 갑작스러운 일정이 무리하게 잡히면 다른 일을 할 수가 없다. 나의 역할을 명확히 하지 않으면 고객들에게 불편을 줄 수도 있는 만큼 하루속히 업무영역을 정리해 이 문제를 해결하겠다.

■ 새로운 소프트웨어를 활용해 업무 효율을 높이다 _ 오토구로 아타우

얼마 전까지 재고 파악을 할 때 엑셀 파일과 웹페이지에서 1건씩 검색하고 대조하는 일이 너무나도 번거로웠다. 그런데 최근 파일메이커라는 데이터 관리 소프트웨어를 활용하여 업무 효율을 크게 높였다. 즉, 하나의 파일로 만들어 일괄 검색할 수 있도록 함으로써 작업 시간을 30분의 1 이하로 단축한 것이다. 그리고 복수로 일괄 검색을 할 수도 있어 건수가 증가하면 할수록 작업 시간이 큰 폭으로 단축된다.

■ 기술 상담 고객으로부터 주문을 받다 _ 이이 다카시

최근 2주일 동안 장비 수리 건으로 여러 고객을 방문했다. 소모품의 상태를 점검하고 관련 내용에 대해 설명해주었을 뿐만 아니라 오래된 유휴 장비에 대해서도 상담해주었다.

그 결과 고객으로부터 기대하지 못한 견적 요청을 받게 되었다.

회사 전체로 보자면 얼마 안 되는 금액이겠지만, 기술 엔지니어 입장에서는 꽤 의미 있는 일이었다.

■ 간병과 육아에 힘쓰다 _ 구와하라 미에코

개인적인 이야기이지만 이번 주에는 병든 어머니를 간호하고 손자를 돌보는 일에 최선을 다했다. 영업팀의 사무원이기는 하지만 H사로부터 파워미터와 관련한 주문을 2건 받았다. 주문서를 작성하는 일이 꽤 까다로웠지만, 히로키 과장의 도움을 받아서 실수 없이 깔끔하게 마무리할 수 있었다. 힘들었지만 보람이 큰 일이었다. 앞으로도 주문서를 작성할 기회가 생기면 좀 더 적극적으로 도전해 숙달되도록 힘쓰겠다.

■ 독해와 청해 모두 고득점을 _ 모리타 이오리

주말에 토익 시험을 봤다. 독해 파트에서 문제 푸는 순서를 바꿔봤더니, 시간이 넉넉하지는 않았지만 확실히 지난번 시험보다 여유로워진 듯했다.

그렇지만 지난번에 점수가 잘 나왔던 독해 파트의 점수가 이번에는 청해 파트보다 훨씬 낮았기 때문에, 뚜껑을 열어 보기 전까지는 결과가 어떨지 잘 모르겠다. 독해도 청해와 비슷한 점수로 끌어올릴 수 있도록 앞으로도 열심히 할 생각이다.

회의를 어떻게 진행하느냐에 따라
회사의 성장이 좌우된다

직원의 성장 없이는
회사의 성장도 없다

회사는 '직원들이 일을 통해 성장할 수 있는 곳'이며, 직원들이 성장해야 회사도 성장할 수 있다. 따라서 사장은 '직원 교육'에 철저히 챙겨 직원들의 성장을 도모해야 한다. 직원 교육은 사장이 직접 시간을 할애하여 추진해야 하는 일이기 때문에 절대로 남에게 혹은 외부 기관에 통째로 위임해서는 안 된다.

직원 교육을 통해 업무 역량이 향상되는 효과도 있지만, 더불어 '우리 회사를 이런 회사로 만들자.'라거나 '이런 마음가짐과 태도를 갖고 이렇게 일하자.' 같은 경영진의 생각을 직원들에게 전달하는 기회도 된다. 어쩌면 직원 교육의 진정한 목적은 후자일지도 모르겠다.

직원들의 성장 욕구를 북돋우려면 사장의 열의가 무엇보다 중요하다. '사업을 시작한 이유'와 '계속하는 이유'가 무엇인지를 분명하게 전달한다면 직원들도 자연히 따르게 되어 있다.

우리 회사의 직원 교육은 크게 업무 중에 진행되는 사내 교육과 사외 교육으로 나뉜다. 전자는 돈이 들지 않는 교육이고 후자는 돈이 드는 교육이다. 업무 중 진행되는 교육은 '사장 학교', '전사 회의', '이번 주에 느낀 점' 등이고, 사외 교육은 '자기 혁신 연수', '경영자 대학', '마인드×액션Mind×Action 연수' 등 외부의 교육기관을 활용한 교육과 해외 출장, 해외 연수 등이 있다.

'사장 학교'에서 회사를 배운다

우리 회사에서는 OJT(On the Job Training, 일상 업무를 통한 교육)와 업무 스킬과 관련된 교육을 활발히 진행하고 있다. 그리고 '업무 중 진행되는 교육'의 일환으로 일찌감치 시작한 것은 바로 내가 직접 강사로 나서는 '사장 학교'다.

사장 학교는 1기당 3~6개월 단위로 운영하며 주 1회, 업무가 시작되는 8시 30분부터 9시 30분까지 1시간 동안 진행된다.

비즈니스 노하우와 영어로 비즈니스 하는 방법에 대해 주로 교육한다. 물론 그 바탕에는 회사의 경영 방침과 내 생각을 전달하고자 하는 의도가 깔려 있다.

사장 학교의 정원은 원칙적으로 5명이다. 주제에 따라 희망자를 모집하는 경우도 있고 특정 직원을 지명해서 진행하는 경우도 간혹 있다. 이런 경우 수업을 들을 필요가 있는 직원에게 직속 상사가 권유하는 방식이다.

화상회의 장비가 설치되어 있기 때문에 본사가 아닌 지사에서 근무하는 직원들도 참가할 수 있다. 참가자들은 주 1회 1시간씩 10회에 걸쳐 강의를 듣는다. 첫 시간부터 나는 '어떤 생각을 가지고 회사를 운영하는지', '직원들은 어떤 마음가짐과 어떤 자세로 일해줬으면 하는지'를 전달하여 회사의 미션과 비전을 일관성 있게 전달하고 있다.

주제는 그때그때 다른데, 한번은 '비즈니스 영어'를 주제로 다룬 적이 있다. 영자신문 기사를 교재로 삼아 비즈니스 관련 시사문제에 대해 토론하는 시간을 가졌다. 실제 비즈니스 사례, 예컨대 '일본항공이 파산한 후에 회사는 수많은 기장과 승무원을 해고했다. 노동조합 측은 불복하여 대법원에까지 항고해 공방을 이어갔지만 결국 사측이 이겼다.'는 내용의 영문기사를 함께 공부했다. '영어 공부'도 하고 '오늘날 해고하기 어려운 일본의 경영 환경에서도 경영 정상화를 위한 정리해고는 법적으로 인정된다.'라는 노사 관련 시사 상식도 익힐 수 있었다.

때로는 특정 직원을 위한 '맞춤형 교육'을 할 때도 있다. 시스템 기기부에서 근무하는 시라이 다케시는 동종 업계의 다른 회사에서 인턴으로 일한 적이 있다. 그리고 그 회사 경영진이 추천하여 일본레이저 입사를 내정받았다. 채용 조건은 이듬해 3월까지 토익 500점 이상을 취득하는 것이었다. 하지만 달성하지 못하여 6개월 동안 '촉탁 고용계약'으로 채용됐다. 이 기간 내에 토익 500점 이상을 받으면 정직원으로 채용한다는 조건이었다.

그런데 6개월이 지나도록 시라이는 500점을 넘기지 못했고, 다시 한 번 촉탁 고용계약을 맺었다. 그 후에도 한 번 더 연장하게 됐다. 그래서 나는 시라이를 사장 학교의 '특별 학생'으로 선정하고, 500점 취득을 목표로 직접 영어 교육을 진행했다. 매주 1시간씩 사장이 직접 열과 성을 다해 가르치니 시라이 스스로도 열심히 공부했고, 결국 가까스로 목표를 달성하여 비로소 '정직원'이 되었다.

엄밀하게 말하면 계약 조건을 충족시키지 못했기 때문에 입사 내정을 취소할 수도 있었다. 하지만 고용 보장과 직원의 성장을 주요 경영 이념으로 삼는 우리 회사에서는, 어떻게든 가르치고 성장시켜서 기필코 정직원으로 채용하고야 마는 이런 일이 흔히 일어나고 있다.

회의야말로 교육과 성장을 동시에 잡는 기회

회의는 왜 하는 것일까? 토론을 통해 결론을 내는 것, 정보를 공유하는 것 외에 다른 목적도 있다. 그것은 바로 '직원을 성장시키는 것'이다. 내가 사장으로 취임하기 전에는 회의를 전혀 하지 않았다고 한다. 그러나 나는 '회의도 직원 교육의 기회'라고 생각했고, 그리 길지 않은 시간 동안 효율적으로 회의를 진행하게 되었다.

일본레이저에서는 매주 월요일에 전 직원이 모이는 '전사회의'가 열린다. 30분 정도로 짧게 진행되는 회의이지만 내가 '금주의 포인트'라는 타이틀의 보고 사항을 전달하는 것 외에도 직원들에게 발언할 기회를 준다. 정보 공유라는 측면도 있지만, 한편으로는 프레젠테이션 연습을 할 수 있는 기회가 되기도 한다.

요즘 많은 대기업들이 효율을 높인다는 미명하에 조직을

조각조각 나눠 간소화하고, 직급도 없애려 하지만 내 생각은 180도 다르다. 나는 과장, 부장이라는 직급을 가진 간부를 점차 늘리고 가급적이면 이들을 회의에 참석시키려고 한다. 현재 우리 회사는 정직원의 3분의 1이 간부다. 간부가 늘어나면 더 많은 사람들이 '나도 경영에 직접 참여하고 있다.'는 주인의식을 갖게 된다. 그러면 모티베이션도 따라서 진작된다.

월요일에 하는 전사 회의는 화상회의 시스템을 활용하여 도쿄 본사, 오사카, 나고야 지사의 직원 모두가 참석한다. 경영 현황, 경영 방침, 월차결산 보고, 해외 출장 보고, 사외 연수 보고, 발표 연습 등을 진행한다. 해외 출장을 다녀온 직원들과 사외 연수를 마치고 돌아온 직원들은 그 내용을 직접 보고한다. 해외 출장 보고는 영어로 발표해야 하는데, 이런 경험을 통해 영어 프레젠테이션 연습을 할 수 있다. 또한 경리팀 과장은 매월 월차결산 보고와 경영 현황 보고를 직접 진행한다.

매주 열리는 전사 회의는 30분씩 진행되지만 한 달에 한 번은 1시간 30분에서 2시간에 걸쳐 경영 현황을 요약해 전달하고 경영 방침을 철저히 숙지시킨다.

일본레이저에는 '전사 회의' 외에 몇 가지 회의가 더 있다.

첫째, 간부 회의는 과장급 이상의 직원이 참석하여 자신이 속한 부서와 전사 현안 과제에 대해 논의하는 회의다.

둘째, 그룹 회의는 간부 회의에서 발의된 과제를 현장에 적용함과 동시에 현장의 목소리를 청취하는 회의다.

셋째, 경영추진 회의는 그룹 회의에서 나온 의견을 고려하면서 부장급 이상의 임원이 참석하여 의사결정을 하는 회의다.

그런데 우리 회사의 회의에는 다른 회사에는 없는 특별한 순서가 하나 있다. 회의를 시작하기 전과 마친 후에는 반드시 '우리의 신조'인 '크레도Credo'를 영어로 제창하는 것이다. 회의를 주관하는 사회자가 "오늘은 크레도 3번 'Our Operational Principles(우리의 운영 원칙)'를 제창하겠습니다."라고 이야기하면 다른 직원들은 "As employees grow, the company grows(직원이 성장하면 회사도 성장한다)."를 제창한다.

크레도에는 우리 회사의 사명, 경영 이념, 행동 규범, 바람직한 직원상과 간부상, 사장의 역할 등이 명기되어 있다. 회의를 할 때마다 크레도를 제창하면서 회사의 경영 이념을 직원들과 공유할 수 있다.

조직의 힘은
리더의 홍보력에 달려 있다

20년쯤 전에, 한 직원이 나에게 "사장님은 왜 항상 같은 말을 되풀이하시는 겁니까?"라고 지적한 적이 있다. 듣는 사람 입장에서는 그렇게 느낄 수도 있다고 생각한다. 하지만 내가 이렇게 늘 같은 이야기를 끊임없이 반복하는 이유는, 경영 이념을 철저히 공유하기 위해서다. 직원 개개인이 경영자 마인드를 가지고 회사의 주인으로서 일하고 성장하려면 경영 이념을 잘 알아야 하지 않겠는가?

'조직의 힘은 리더의 홍보력에 달려 있다.'는 말이 있다. 나는 이 말이 전적으로 옳다고 생각한다. 이것은 내가 일본전자에서 노조 집행위원장직을 맡았던 시절부터 절실하게 느꼈던 이야기다. 당시에 나는 1,000명이 넘는 조합원들 앞에서 자주 이야기해야만 했고, 조합원을 결집시켜 조직력을 강화해야 했다. 그러기 위해서는 매번 같은 말을 반복하는 것이 가장 효과적이었다. 구성원들에게 '결코 흔들려서는 안 되는 것이 무엇인지'를 철저히 알리고 공유하는 데 있어서 리더의 홍보 활동은 너무나도 중요하다.

상황이 어려울수록 그 회사가 가진 진짜 역량이 고스란히 드러나게 되어 있다. 그리고 그러한 역량은 현장에 스며들어 있는 경영 이념과 경영자의 생각에서 비롯된다. 결국, 회의는 직원들에게 사장의 생각을 알리기 위한 '홍보 활동'의 장이기도 한 것이다.

해외 출장을 다녀오면
로열티가 높아지는 이유

회사 바깥에서 하는 사외 교육은 2가지로 나눌 수 있다. 외부기관이 운영하는 사외 연수와 해외 출장, 해외 시찰이다.

우리 회사의 사외 연수는 4단계로 구성되어 있다. 중견 사원, 간부 사원, 임원, 경영자로 나누어서 직원들을 체계적으로 성장시키는 것을 목표로 한다. 중견 사원들은 의식개혁과 행동개혁을 목적으로 한 '자기혁신 연수'와 프레젠테이션·퍼실리테이션facilitation 등 업무 역량을 키우기 위한 '마인드×액션 Mind×Action 연수'를 수강한다. 현재 우리 회사 직원 중 3분의 2가 수강했다.

간부 사원들은 대부분 부장급 이상인데, 이들은 한 사람당

연간 100~200만 엔(한화로 1,000~2,000만 원 – 옮긴이)의 비용을 들여 '경영자 대학'과 바이오에너지 이론(인체에 내재한 에너지가 사람의 생각과 행동을 결정한다는 이론 – 옮긴이)을 기반으로 한 관리자 연수 프로그램으로 보내 경영과 리더십 수업을 듣게끔 하고 있다.

사원수가 55명에 불과한 중소기업이 1인당 연간 백수십만 엔의 교육비를 지출하는 것은 생각만큼 쉬운 일은 아니다. 그러나 회사의 존재 이유가 '직원을 성장시키는 것'에 있기 때문에 이를 위한 투자를 아껴서는 안 된다. 더욱이 교육비는 만기가 지나면 아무것도 남지 않는 보험과 다르다. 돈을 들인 만큼 직원들이 성장하므로 충분한 가치가 있다고 생각한다.

갈 필요가 없는 사무직원에게도 해외 출장의 기회를

돈이 드는 교육 중에서 가장 효과가 있는 것은 '해외 출장'이다. 해외 출장을 떠나려면 한 사람당 50~60만 엔(한화로 500~600만 원 – 옮긴이) 정도의 비용이 들지만, 가능한 한 많은 직원들을 보내려고 한다.

우리 회사는 매년 직원(영업직과 기술직)의 20% 이상을 해외에서 열리는 전시회와 연수 프로그램으로 보낸다. 보통 다른 회사들은 해외 전시회 시찰에 3명 정도만 보내는 경우가 대부분인데, 우리 회사는 그 3배인 10명 정도를 보내는 것이다.

그리고 타사에서는 기회를 얻기 힘든 사무직 여성 직원들에게도 우리 회사는 해외 출장의 기회를 준다. 영업 사무원, 구매 사무원, 비서 등 내근직을 포함한 여성 직원 중 절반 이상이 이미 해외 출장을 다녀왔다. 우리 회사는 직원이 55명밖에 안 되는 작은 회사이긴 하지만 해외 파트너 기업에 방문하는 것을 포함하면 연간 50명 정도가 해외 출장을 다녀온다.

귀국 후에 제출하는 보고서는 영어로 작성하는 것이 원칙이다. 해외 출장을 통해 바깥 세계를 경험하고 오면 직원들은 전보다 더 넓은 시야를 갖게 되고 마음가짐과 태도 역시 더 적극적이고 의욕적으로 변신한다.

2015년에 독일에서 열린 전시회에 다녀온 업무부 구매 그룹의 에타 야요이는 토익 점수가 930점이었는데도 "내 영어가 시험점수는 높아도 실전에는 강하지 않다는 사실을 깨달았다."며 영어 공부를 더 열심히 하기 시작했다.

한편 영업부 보조직원인 시노즈카 미스즈에게는 업무상 자주 메일을 주고받는 해외 업체 직원과 직접 만나볼 수 있도록 출장을 보냈다. 그녀는 다녀와서 이렇게 이야기했다.

"직접 만나 보니 현지의 상황을 더 잘 이해할 수 있게 되었고요, 메일만 주고받을 때보다 의사소통이 훨씬 매끄러워졌습니다."

출장 일정은 가급적 여유 있게 잡아서 관광뿐만 아니라 현지인들과도 충분히 교류할 수 있도록 장려한다. 여러 가지 측면에서 해외 출장은 새로운 지식, 정보, 자극에 노출될 기회이사 직원들의 모티베이션을 향상시키는 데 좋은 수단이다.

어떻게 하면 직원들에게 '성장의 기회'를 줄 수 있을까?

부탁받은 일은 거절하지 않고 일단 해본다

업무부 판매촉진 그룹 과장인 하시모토 가즈요는 파트타임 직원으로 시작하여 우리 회사의 정직원이 된 사람이다. 현재는 홈페이지 업데이트, 보도자료 발행, 전시회 기획, 카탈로그 제작 등 일본레이저의 세일즈 프로모션 업무 전반을 담당한다.

하시모토는 '부탁받은 일은 거절하지 않고 일단 받아서 해보기'야말로 자신의 커리어를 만드는 최고의 방법이라고 생각한다. 그녀는 이렇게 이야기했다.

"저는 이과 출신이라서 마케팅도, 판촉도, 컴퓨터를 사용하는 업무도, 처음엔 전부 어리바리했어요. 그런 제가 판매촉진 그룹장이 될 수 있었던 것은, 지시받거나 부탁받은 일에 대해

'싫다.'고 거절하지 않고 '일단 해보자.' 하는 마음으로 받아들였기 때문이라고 생각합니다.

우리 회사는 하고 싶은 말을 눈치 보지 않고 할 수 있는 수평적인 분위기이기 때문에 도저히 하고 싶지 않을 때는 얼마든지 '싫다.'고 말할 수도 있습니다. 그렇지만 '이건 내 일이 아니야.', '난 못해.', '해본 적 없어.'라는 이유로 거절하면 경력계발도 안 되고 업무 능력 향상도 요원한 일이 되고 말죠.

우리 회사는 매년 직원 각자에게 무엇인가 새로운 일을 부여하는데, 그럴 때마다 '거절하지 않고 일단 해보자!' 하고 마음먹었습니다. 부탁받은 일을 적극적으로 처리하다 보면 처음엔 좀 어려워도 경험이 쌓입니다. 소소한 실패도 많았지만 길게 보면 득이 된 경우가 더 많았어요. 덕분에 오늘의 제가 있는 것이 아닐까요."

파트타임 직원에서 정직원으로 발령이 난 후에 하시모토는 더 넓은 범위의 업무를 다양하게 맡게 되었다. 그런데도 그녀는 이런 변화를 '자기 성장의 기회'라며 적극적으로 받아들였다.

"다른 사람이 부탁하는 일은 무엇이든 적극적으로 협조해야겠다고 마음먹었지만, 솔직히 부하직원을 가르쳐본 경험도 없고, 전시회를 기획해본 적도 없는 제가 과연 프로모션 업무를 감당해낼 수 있을지 걱정되기도 했어요. 하지만 곤도 사장님이 '자네라면 충분히 해낼 수 있을 거야.'라고 말씀해주셔서 용기를 얻었습니다. '나에게도 가능성이 있지 않을까? 나도 한번 도전해볼 수 있지 않을까?' 하는 생각이 들었어요. 어차피 안 해본 일이니 할 수 있을지 없을지는 잘 모르는 거잖아요? 그럴 때는 일단 스스로에게 '할 수 있다.'고 대답해야 기회를 잡을 수 있습니다. 저도 그랬고요."

23년간 무려 26개의 거래처를 잃고도
매출이 증가한 비결

앞에서도 설명했지만 일본레이저는 레이저 관련 제품을 수입해서 판매하는 상사다. 해외 업체와 딜러 계약을 체결하고, 일반 기업이나 대학 실험실 등에 레이저 관련 제품을 판매하는 일이 주요 업무다. 그런데 때로는 해외 업체와의 계약이 일방적으로 결렬되는 경우가 있다. 해외 업체가 딜러를 변경하는 경우, 직접 일본 법인을 세우는 경우, 다른 업체에 인수합병된 뒤 인수한 기업이 기존에 거래하고 있던 딜러로 변경해야 하는 경우 등 상황은 다양하다.

내가 사장이 된 후로 23년간, 해외 업체가 일방적으로 계약을 파기하거나 우리 회사 직원이 퇴사하면서 거래처를 그대로 들고 나간 경우가 무려 26건이나 된다. 직원 중에 거래처를 들고 나가거나 직접 수입 상사를 세운 사람이 15명이다. 또한 대형 거래처 중에서도 거래 규모가 큰 12개 사로부터 일방적으로 계약취소를 통보받았다.

우리 회사는 해외로부터 제품을 수입하기 때문에 환율 변동에 의해서 실적이 크게 좌우된다. 엔화의 가치가 오르면 조달 비용 부담이 줄어들지만, 반대로 엔화의 가치가 떨어지면 그만큼 비용이 순식간에 늘어난다.

이처럼 외부 환경의 변화에 크게 영향을 받는 사업이다 보니 안정적으로 이익을 확보하기가 쉽지 않다. 2001년에 IT 버블이 꺼지자 동종 업계의 많은 업체들의 매출이 거의 반 토막 났고 직원들을 정리해고 해야 하는 상황에 직면했지만, 우리 회사는 매출이 오히려 5% 증가했고 해고된 사람도 전혀 없었다. 일본레이저가 버블붕괴의 영향을 받지 않은 이유는, 직원 한 사람 한 사람이 '회사는 자기실현의 장'이라고 생각하고 새로운 것에 계속해서 도전했기 때문이다.

성장하고자 하는 '남다른 각오'가 가져온 기회

시스템 기기부에서 근무하는 다니구치 도루는 2017년에 부과장으로 승진했다. 우리 회사에서 부과장 승진자의 나이는 대부분 40세 전후인 반면 그는 31세다. 보기 드문 발탁 승진이었다. 내가 그를 승진시킨 이유는 성장하고자 하는 의욕이 강하기 때문이다.

"저는 예전에 대기업에서 근무했는데, 회사의 규모가 크다 보니 여러 가지 업무를 폭넓게 수행할 기회를 얻지 못했습니다. 하지만 우리 회사는 개인의 의욕을 존중하고 일을 맡겨주기 때문에, 고객에게 어떤 형태로 판매하고 어떤 전략을 구사할 것인지를 스스로 생각해볼 수 있습니다. 책임감을 갖고 독립적으로 일하기 위해 스스로 계획하고 고민하는 게 쉽지는 않지만, 그만큼 성장할 수 있고 일도 재밌게 할 수 있습니다. 결과가 좋을 때 얻을 수 있는 성취감은 말할 것도 없이 크고요."

일본레이저는 누구나 회사 내에서 목표한 것을 이루고, 해보고 싶은 것을 해볼 수 있도록 '기회와 도전'이라는 기업 문화를 만들어가고 있다. 어쩌면 다니구치는 '기회와 도전'에 누구보다 잘 어울리는 사원인 것 같다. 그는 도전하고 성취해 나가는 것 자체에서 삶의 보람을 느끼고 있으니 말이다. 목표에 대해서 다니구치는 이렇게 말했다.

"저의 개인적인 목표는 2가지입니다. '지금까지 우리 회사에서 누구도 해본 적 없는 일로 성과를 내고 싶다.'는 것과 '큰 성과를 거둬서 나의 족적을 남기고 싶다.'는 것입니다."

2016년에 다니구치는 새로운 장치를 판매하자고 제안했다. 그러려면 우선 고객들에게 선보일 데모(시연) 장비를 구입해야 한다. 고객 혹은 잠재 고객이 장비를 직접 사용해보면서 기대하는 대로 잘 작동하는지를 확인하도록 하려는 것이다. 그런데 데모 장비의 가격은 1,000만 엔(한화로 1억 원 - 옮긴이) 이상을 호가한다. 만약 장비를 구입할 고객을 찾지 못하면 회사 입장에서 고스란히 1,000만 엔의 손실을 입는 것이었다. 그러나 나는 기꺼이 승인해주었다. 다니구치 역시 자신이 제안한 일이긴 하지만, 불안한 마음이 전혀 없지는 않았다고 말한다.

"사전에 '구매 의사가 확실한 고객이 있다.'는 정보를 입수했기 때문에 괜찮겠다고 생각하고 시작한 일인데, 한편으로는 '만약 일이 잘못되면 어쩌지? 한두 푼짜리도 아니고 고스란히 회사의 손실이 될 텐데….' 하는 심리적 압박이 꽤 컸습니다."

하지만 이런 걱정은 기우였다. 결과적으로 다니구치가 제안한 새로운 장치는 견조한 매출 성장세를 보이고 있다. 그의 도전은 어떻게 이렇게 훌륭한 결실을 맺은 것일까? 다음의 3가지 이유를 생각해볼 수 있다.

첫째는 고객의 동향을 늘 주의 깊게 관찰한 것

둘째는 새로운 시장 개척에 항상 문제의식을 가지고 있었던 것

셋째는 '이 정도면 충분하다.'고 생각하거나 현상 유지에 만족하지 않았던 것

하지만 이 3가지 이유보다 훨씬 더 중요한 것은 그가 '남다른 각오'를 했다는 것이다. 다니구치는 신제품 판매를 기획하면서 내게 "만약 이 장치가 팔리지 않으면 제가 회사를 그만두겠습니다."라는 말까지 했다. 내가 배수의 진을 치고 일본레이저를 재건하는 데 몰두했던 것처럼, 그도 스스로 퇴로를 차단하고 과감하게 신사업에 도전했다. 이런 남다른 각오 덕분에 좋은 결과를 거둘 수 있었다고 생각한다.

나이보다는 열정, 경력보다는 실력

나고야 지사의 지사장인 사사키 준은 41세에 우리 회사 최연소 임원이 되었다. 그는 열정적으로 일하는 사람이다. 나는 사사

키와 함께 프랑크푸르트에 있는 오미크론Omicron이라는 회사에 방문해 영업회의에 함께 참석한 적이 있다. 현지에서 오미크론이 마련해준 버스를 타고 프랑크푸르트에서 뮌헨까지 장거리를 이동했다. 버스에는 세계 여러 나라에서 온 거래 업체 직원들이 함께 타고 있었는데, 대부분은 바깥 풍경을 감상하거나 와인을 마시면서 휴식을 취했다. 아마 누구라도 그 상황에서는 그렇게들 할 것이다. 나도 와인을 마시고 싶었으니까.

하지만 사사키는 달랐다. 버스 안에서 노트북으로 메일을 확인하고 답장을 쓰는 등 목적지에 도착할 때까지 5시간 동안 쉬지 않고 일했다.

그는 대학에서는 문과 계통을 전공했고 졸업 후에는 캐나다에서 유학했다. 해외에서 공부한 경험 덕분에 영어 실력도 훌륭했고 비즈니스를 바라보는 시야도 넓고 깊었다. 다만 공부를 마치고 귀국한 후에 잠시 취직이 안 되어서 고통스러웠던 적이 있다고 한다. 그때 '빨리 성장해서 내 몫을 하고 싶다.'며 의욕을 불태웠다고 한다. 성장하고자 하는 의욕이 커서 그랬을까? 우리 회사에 입사한 후에도 부단히 노력해서 최연소의 나이로 임원 자리에 오를 수 있었다. 나이보다는 열정, 경력보다는 실력을 중시하는 기업 문화가 바탕이 되었기에 가능한 일이기도 했다.

자발적으로 일하는 조직은
이렇게 탄생했다

상명하달 없는 곳에서 자기조직화가 싹튼다

일본레이저가 지향하는 것은 임직원 개개인의 '자기조직화'다. 자기조직화란, 자립심 있고 창조적인 직원들이 외부에 변화가 생기면 스스로 팀을 조직해 능동적으로 대응해나가는 것을 말한다. 스포츠로 예를 들면 축구처럼 '선수 개개인의 플레이'와 '세트 플레이'를 모두 잘할 수 있는 조직이 되는 것이다.

오사카 지사에서 근무하는 오쿠다 메이코는 35세에 과장으로 승진한 영업 담당자다. 지사에서 여성 사무원들이 주로 하는 일은 비용정산과 같은 총무와 서무 업무다. 그러나 오쿠다는 이뿐만 아니라 주문을 받거나 견적서를 작성하는 업무도 담당한다. 내가 '견적서를 작성해주세요.'라거나 '주문을 받아주세요.'라고 지시한 적도 없다. 그녀는 '어떻게 하면 회사에 공헌할 수 있을까?'를 스스로 생각하고 일할 뿐이라고 말한다.

일반적으로 우리 회사의 사무직 직원들은 견적서를 작성할 줄 모른다. 레이저 관련 광학 기기를 판매하는 견적서는 단순히 수량과 가격만 적으면 되는 게 아니기 때문이다. 제품군이 워낙 많고 각각의 제품 사양이 매우 복잡해서 기술에 대해 잘 모르면 손을 댈 수가 없다. 그러나 오쿠다는 해외 공장에서 2회나 훈련을 받았기 때문에 주문을 받거나 견적서를 작성할 수 있었다. 그런데도 수주 결과를 매출로 잡을 때 오쿠다는 '자기 이름'으로 올리지 않는다. 자신의 성과임에도 불구하고 다른 영업 사원들의 이름으로 올리기 때문에 영업 사원들 입장에서 너무나도 고마워한다.

오쿠다는 '보이지 않는 곳에서 최선을 다하는 사람'으로 오사카 지사를 꾸려나가는 백오피스의 실질적인 책임자다. 나는 그녀가 유난히 자기효능감(자신에 대한 신뢰감과 기대감)이 높기 때문에 업무도 그렇게 자발적으로 해내는 것이라고 생각한다.

이처럼 일본레이저의 많은 직원들이 자발적으로 일을 찾아서 하는 이유는 뭘까? 바로 '윗사람들이 억지로 시키지 않기 때문'이다. 상사들은 직원들이 해보고 싶다고 제안한 것에 대해 무턱대고 부정하지 않는다. '쓸데없는 일은 하지 않는 것이 좋겠다.'라거나 '비용 대비 효과가 낮다.', '전례가 없는 일이니 하지 말라.'는 피드백을 받으면 직원들은 무시당하는 기분이 든다. 당연히 자발적으로 일하고 싶은 마음이 사라진다. 주인의식이나 책임감이 사라질 뿐만 아니라 자기조직화도 이루어지지 않는다.

우리 회사는 상명하달식 관리는 하지 않는다. 어디까지나 직원 한 사람 한 사람이 자발적으로 성장하기를 바라기 때문이다. 예를 들어 업무부 구매 그룹에서 근무하는 구로히지 가오리는 포워딩 업체(운송과 관련한 제반 업무를 대행하는 업체 – 옮긴이)를 재검토할 때도 '어느 회사가 가장 비용이 저렴하고 서비스가 좋은지'를 스스로 결정한다. 사장인 나에게는 결정을 내린 후에 보고한다.

직원을 철저히 관리하는 것보다 더 중요한 것은 한 사람 한 사람에게 알맞은 재량권을 부여하는 것이다. 재량권이 있어야 직원들은 책임감을 갖고 일하며 결과에 대해서 보람도 느낀다. 결국 그런 식으로 개개인의 모티베이션이 향상되면, 조직은 자연스럽게 성장할 수밖에 없다. 결국 직원들이 합심해서 키운 회사는 위기가 닥쳤을 때 더욱 진가를 발휘한다.

10년간 이직률이 제로인 이유

직원이 떠나지 않는 회사는 이렇게 만든다

part 2

직원을 무수히 해고한 내가
마침내 얻은 결론

1,000명을 정리해고 하다

앞에서도 누누이 강조했지만 나는 '직원의 종신 고용을 보장하는 것'이야말로 사장이 해야 할 가장 중요한 책무라고 생각한다. 그렇지만 일본전자 시절에 내가 맡았던 역할은 아이러니하게도 '사람을 자르는 일'이었다.

1972년, 나는 28세의 나이로 노동조합 집행위원장이 되었다. 마침 그때 미국의 닉슨 게이트 때문에 엔화의 가치가 크게 올랐고 석유파동마저 터지는 바람에 물가가 껑충 뛰었다. 때문에 일본전자의 경영 상황은 한순간에 심각한 위기에 빠지게 되었다. 게다가 주식 상장 후, 주가를 유지하려고 배당을 과도하게 지급하는 과정에서 체력이 엄청나게 소모되었다. 결국 일본전자는 자본금 32억 엔의 회사가 38억 엔 규모의 적자를 떠안게 되었다.

당시 위기를 극복하기 위해 일본전자는 경영 합리화 작업을 추진했다. 전자 현미경과 분석기기·임상검사 장치 사업만 남겨놓고, 레이저·전자계산기·집적회로·전자빔 녹화기기 등 대부분의 사업을 정리하기로 결정한 것이다. 노사 간의 치열한 교섭 끝에 경영 실패의 책임을 분명히 하기 위해 당시 경영진은 전원 사퇴하기로 했다.

하지만 그것으로 사태가 끝난 게 아니었다. '희망퇴직'이라는 형태로 전 직원의 3분의 1에 해당하는 1,000여 명을 감원해야만 했던 것이다.

나는 괴로운 결단을 내릴 수밖에 없었다. 노조 집행위원장으로서 인원 감축을 수용했던 당시 내 나이는 서른이었다. 퇴직자들은 노조에서 탈퇴하는 것이기 때문에 노조는 그동안 적립한 투쟁 적립금을 그들에게 반환해줘야 했다. 나는 그 절차를 진행하는 과정에서 수백 명의 조합원과 일일이 면담을 했다.

대부분이 나보다 나이가 많은 선배인데도 "위원장님, 부디 앞으로 좋은 회사를 만들어주세요!" 하고 오히려 나를 격려해주었다. 오랜 세월 동안 회사를 지키며 조합을 위해 최선을 다한 사람들이 정리해고를 당하고, 몇 년 근무하지도 않았고 공헌한 것도 거의 없는 젊은 사람들은 회사에 남게 되었다.

당시 회사의 이런 판단에 내 가슴은 미어질듯 아팠다. 그나마 '희망퇴직'에 대한 조건을 조정해 퇴직금 액수를 높였고, 재취업 알선이나 재고용 같은 항목을 추가했다. 하지만 그런 조건이 아무리 좋아봐야 퇴직하는 마당에 무슨 소용 있겠는가? 일부 조합원들은 퇴사할 때 여과 없이 울분을 토해냈다.

"나는 열다섯 살 때부터 이 회사를 위해서 일했는데 대체 이게 무슨 처사냐?"

"도대체 왜 내가 경영 실패의 책임을 져야 하냐?"

"조합에 협조했는데 내가 왜 회사를 떠나야 하냐?"

"간부들이 현장의 상황을 잘 살폈더라면 경영 위기의 조짐을 일찌감치 파악할 수 있지 않았겠냐? 그들은 도대체 무엇을 한 것이냐?"

나는 딱히 대답할 말이 없었다.

죽으나 사나 지옥이었던 상황에서 얻은 교훈

그렇다면 그 후에 회사에 남겨진 3분의 2는 마음 편히 지냈을까? 결코 그렇지 않았다. 재건의 가닥이 잡힐 때까지는 연봉이 25% 삭감된 상태로 일해야 했다. 죽으나 사나 지옥인 것은 마찬가지였다.

나는 그 일을 겪으면서 2가지 교훈을 얻었다. 첫째, 아무리 직원들이 노력해서 근로 환경을 개선한다고 해도, 경영이 잘못되면 고용은 보장받을 수 없다. 둘째, 이 모든 일의 원흉은 '적자赤子'다. 회사 경영을 잘못해 적자가 나면 직원과 그 가족들의 인생까지 엉망이 된다.

1984년에 노조 집행위원장 직에서 물러난 후 이번에는 미국 법인의 부지배인으로 임명되어 미국 뉴저지로 건너갔다. 내게 주어진 임무는 '뉴저지 지사를 폐쇄하라.'는 가혹한 일이었다. 뉴저지 지사에는 미국인 50명과 일본인 주재원 10명이 근무하고 있었는데, 미국식으로 인원 감축을 진행하여 미국인 직원들을 전원 해고하고 토지와 건물을 모두 매각했다.

뉴저지 건이 일단락되자 이번에는 보스턴에 있는 미국 법인 본사로 자리를 옮겼다. 그런데 1989년, 내가 임원(본사 임원 겸 미국 법인 총지배인)이 되고 얼마 지나지 않아 미국과 소련 간의 냉전이 끝났다. 일본전자는 제품의 약 40%를 미국의 군 관계처에 납품했기 때문에 '냉전 종식'은 큰 시련을 의미했고 즉각 매출 하락으로 이어졌다.

한때 100억 엔 이상을 기록했던 연매출은 60억 엔 수준으로 폭락했다. 이대로라면 큰 폭의 적자를 기록할 것이 불 보듯 뻔했다. 때문에 일본전자는 또 다시 경영 쇄신을 단행했다. 미국 법인은 때마침 현지에서 추진한 서비스 사업이 호조를 보인 덕분에 가까스로 적자는 면했지만, 그래도 정리해고를 하지 않으면 안 되는 상황이었다. 회사는 미국 법인 본사 직원들을 대상으로 지명해고를 통해 20% 정도의 인력을 감축하기로 결정했다.

한번이라도 경험해보면 알 수 있을 것이다. 정리해고가 진행되면 회사 분위기는 그야말로 '아수라장'이 된다. 지옥도 이런 지옥이 또 없다. "일본 기업은 해고하지 않는다고 해서 들어왔는데 실적이 악화됐다고 이렇게 해고하다니요!"라고 하며 내 앞에서 오열한 미국인 직원도 있었다. 나도 그와 함께 눈물을 흘리면서 "정말 죄송합니다."라고 진심으로 사죄했다.

여담이지만, 10년 이상 시간이 흐른 뒤에 산호세에서 열린 레이저 관련 전시회에 참석했다가 그때 그 미국인 직원과 우연히 마주쳤다. 우리는 서로 얼싸 안으면서 반가워했는데, 새로운 직장에서 활약하는 그의 모습을 보니 나도 무척 기뻤다.

이유야 어찌됐든 적자는 범죄다

일본전자 재직 시절에 경험한 인원 감축과 정리해고, 지명해고, 지사 폐쇄 등의 과정은 정말 너무나 괴롭고 힘든 일이었다. 그런 비정한 상황을 진두지휘하면서 나는 왜 이런 상황이 되었는가, 도대체 회사란 무엇인가를 깊이 고민했다.

그러한 고민 속에서 나는 '안정적인 고용 보장이야말로 경영자가 반드시 사수해야 한다.', '회사는 고용을 보장하기 위해 존재한다.', '사장은 고용을 보장하기 위해 절대로 적자를 내서는 안 된다.'는 것을 통감했다. 어쩌면 그때 뼛속까지 세긴 이러한 깨달음이 일본레이저의 고용 제도의 기초가 되었을 것이다.

이유야 어찌됐든 경영자에게 적자는 범죄다. 회사가 적자를 내면 고용이 불안해지기 때문이다. 아무리 경영 환경이 급변해도 직원들이 노력하면 어떻게든 이익을 낼 수 있는 구조를 만드는 것이 사장의 존재 이유이자 가장 중요한 책무다.

기업의 목적은
직원 고용과 직원 성장

나는 인생의 기쁨은 다음의 4가지라고 생각한다.

첫째, 다른 누군가가 나를 필요로 할 때 느끼는 기쁨

둘째, 다른 누군가를 도울 때 느끼는 기쁨

셋째, 다른 누군가에게 감사 인사를 들을 때 느끼는 기쁨

넷째, 다른 누군가에게 사랑받을 때 느끼는 기쁨

이 중에서 앞의 3가지는 일을 하지 않으면 절대 얻을 수 없는 기쁨이다. 사람들이 나를 필요로 하고(첫째), 그 사람을 돕고(둘째), 내 도움을 받은 사람에게 감사 인사를 듣는 것(셋째). 이 3가지가 인생을 살아가는 중요한 기쁨이라면, 회사는 사람을

고용하고, 일하면서 느끼는 기쁨을 고용된 사람에게 제공하기 위해 존재해야 한다고 생각한다.

6,000만 명 이상인 일본의 취업자들 중에서 자영업을 하는 사람은 극히 일부다(한국의 경우 전체 취업자는 약 2,500만 명이고 그 중 자영업자는 550만 명 정도다. - 옮긴이). 대부분은 임금 근로자, 즉 회사, 단체 등에 채용되어 임금을 받는 사람이기 때문에, 경영 자는 '일하는 즐거움', 즉 '인생의 즐거움'을 만끽할 근로자를 한 사람이라도 더 늘려야 하는 책임이 있다.

직원을 한 사람이라도 더 지키려면

내가 노조 집행위원장직을 수행하면서 느낀 점은, 직원을 한 사람이라도 더 지키려면 흑자 경영을 계속해서 사업을 존속시 키는 것 외에는 다른 방법이 없다는 사실이다. 그리고 사업을 존속시키기 위해서는 '사원이 계속해서 성장하는 것'이 전제되 어야 한다. 사원의 성장이 곧 회사의 성장으로 이어지기 때문 이다.

기업에는 사람, 사물, 돈, 정보·기술 등 4가지 자원이 있다. 그런데 이 4가지 자원은 서로 대등한 관계가 아니다. 사물, 돈, 정보를 활용하여 새로운 상품과 서비스를 만들어내는 것은 다

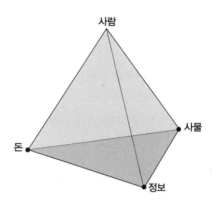

사람은 사물, 돈, 정보 위에 있다.

름 아닌 '사람'이다. 결국 사람이 사물, 돈, 정보보다 위에 놓인 삼각뿔 형태가 되어야 한다. 이 모든 것은 사람이 있기 때문에 부가가치를 창출할 수 있으니 말이다.

기업의 성장은 '사람'의 성장에 의해 좌우된다. 이를 제대로 이해하지 못한 기업은 사람을 아무렇지 않게 자른다. "사업이 어려우니 사람을 자르자. 사람 1명 자르면 연간 1,000만 엔이 남는다."고 하는 것이다. 이는 엄청난 착각이며, 본질에서 벗어난 판단이다.

일반적으로 오너 경영자들은 '시장'과 '돈'을 보고 사업을 한다. 사업이 계속해서 성장할 것으로 보고 고성장, 고수익, 고배당, 고주가의 기업을 만들겠다는 목표를 세운다. 그리고 그것이 기업의 가치라고 생각한다.

그러나 일본레이저는 다르다. 나는 시장도 돈도 아닌 '사람(직원)'을 보고 사업을 하고 싶었고 또 이제까지 그렇게 해왔다. 따라서 돈을 벌기 위해 사람을 자르는 일은 없다. 직원에게 기업이란 '인생의 기쁨을 얻는 공간'이자 '성장하기 위한 무대'이기 때문이다.

우리가 일을 한다는 것은 곧 '남에게 필요한 존재가 되는 것'이다. 사람은 남에게 그리고 세상에 필요한 존재가 되었을 때 기쁨을 느끼는 존재다. 또한 성장하고 있을 때 기쁨을 느낀다. 어제까지는 할 수 없었던 것을 할 수 있게 되었거나, 이제까지도 잘해왔지만 더 잘하고 싶다는 성장 욕구가 뜻대로 이루어질 때 말할 수 없을 만큼 커다란 성취감을 느낀다. 사람이라면 누구나 그렇다.

따라서 내 생각에 기업을 운영하는 목적은 다음과 같이 2가지로 요약할 수 있다. 직원의 고용을 보장하는 것, 그리고 직원의 성장을 촉진하는 것. 오직 이것뿐이다.

일하고 싶다면 누구나 80세까지 일해야 한다

누누이 말했듯이 나의 이념은 '고용'이다. 내가 회사를 경영하는 목적은, 인생의 3가지 기쁨을 알게 해주기 위해서 사람을 고용하고 성장시키는 것이다.

나는 '고용을 희생양으로 삼는 경영을 해서는 안 된다.'고 생각하여, 종신 고용을 최고의 기치로 걸고 있다. 떠나는 사람을 붙잡지는 않지만, 내가 먼저 그만두게 하는 일은 절대로 없다. 기업은 사람을 고용하기 위해 존재하기 때문에 한 번 고용한 이상 회사 상황이 어렵다는 이유로 그만두게 하는 일은 없다.

'회사 상황 때문에 정리해고 한다.'는 것은 직원이 성장하는 과정을 도중에 끊는 것이나 다름없다. 그것은 내가 기업을 경영하는 목적(이념)에 거스르는 것이다.

'종신 고용'이 일본 기업의 특징이라고 하지만, 실제로는 거의 60세가 정년이다. 수명이 60세였던 시대라면 모르지만, 일본인의 건강수명(실제로 활동하며 남의 도움 없이 건강하게 살아갈 수 있는 나이 - 옮긴이)은 남자 71세, 여자 75세다. 이런 시대에 60세 정년은 불합리하다.

일본레이저는 취업규칙에 '70세까지 재고용한다.'고 명기했고, 조만간 '80세'로 연장할 생각이다. 또한 직원이 육아, 간병,

질병 등으로 인해 만족스럽게 일하지 못하더라도 근무 시간을 단축하거나 재택근무로 전환하여 고용을 보장한다. 고용을 보장받고 있다고 안심할 수 있어야 직원들은 계속해서 열심히 일하고 목표를 달성하며 기대한 만큼 성장할 수 있다. 그러므로 '종신 고용'이야말로 직원들에게 최고의 안전망이다.

적자는
무조건 사장의 범죄

나는 일본전자에서 시작해 일본레이저 재건까지, 위기에 처한 회사의 경영 상황을 정상화시키는 작업에 네 차례나 관여했다. 그리고 그 과정에서 사람을 희생양으로 삼는 모습을 여러 번 목격했다. 앞에서 말했듯이 이러한 경험을 바탕으로 '해고는 절대로 하지 않겠다.'는 결심을 하게 되었다.

나에게 기업 경영에서 가장 중요하게 생각하는 것이 무엇이냐고 묻는다면, 대답은 말할 것도 없이 '직원 고용과 직원 성장'이다. 기업은 '사람을 고용하고 그가 성장할 수 있도록 촉진하는 곳'이다. 물론 이익을 만들고 세금을 내는 것도 중요하다. 그러나 이익은 어디까지나 고용을 확보하기 위한 '수단'에 지나지 않는다.

　이익은 고용을 창출하고 고용은 이익을 낳는다. 창업을 하지 않는 한 대부분은 스스로 고용을 창출하지 못하기 때문에 회사가 고용을 확보해주지 않으면 안 된다. 그런데 직원의 고용을 보장하고 성장할 수 있는 기회를 제공하려면, '적자는 범죄'라는 점을 사장이 분명히 인식해야 한다.

　경영자는 어떠한 환경에서도 이익을 내야 한다. 정권이 바뀌어 정책이 어떻게 달라지든, 통화 가치나 물가가 상승하든 하락하든, 어떤 상황에서도 반드시 이익을 낼 수 있는 구조를 만들어야 한다.

회사는 이익을 위해 존재하는가, 사람을 위해 존재하는가?

일본레이저의 미래 비전은 다음과 같은 2가지다.

　첫째, JLC는 수년 내로 40억 엔 매출을 달성하고 가까운 미래에 50억 엔 달성을 목표로 한다.

　둘째, JLC그룹은 장기적으로는 JLC HD 산하에 몇 개 기업을 더 설립함으로써 연매출 100억 엔을 달성하겠다.

　이 2가지를 2012년 7월에 개정한 크레도에 명기했다. 그러자 주변 사람들은 '수년 내'가 구체적으로 몇 년 이내냐고 따지고, 100억 엔을 언제 달성하겠다는 것이냐고 묻곤 했다. 물론 나도 기업의 비전을 정할 때는 달성 시점을 정확히 해야 한다는 것을 잘 안다.

그러나 내가 매출을 수치로 표현하는 것은 '결코 무너지지 않을 기업으로 만들겠다.'는 것과 '어떤 일이 있더라도 종신 고용을 보장하겠다.'라는 '직원에 대한 나의 각오'를 표현한 것에 지나지 않는다. 따라서 '언제까지'인지를 명확히 할 필요는 없다고 생각한다. 가령 '3년 후 40억 엔, 5년 후 50억 엔, 10년 후 100억 엔'이라고 시기별로 매출액 목표를 세우면 '매출 달성'과 '수익 창출' 그 자체가 목적이 되어버린다.

그렇게 되면 계속해서 돈을 빌려 무리하게 투자하고, 사람과 거래처를 독식하듯 사업을 추진할 것이다. 물론 매출은 곧바로 늘어날 수도 있다. 그러나 일본레이저가 추구하는 것은 '회사의 규모를 키우는 것'도 '주식 시장에 상장을 하는 것'도 아니다.

중요한 것은 직원들에게 '일을 함으로써 얻을 수 있는 기쁨을 제공하는 것'이다. 이를 위해서 회사는 사람을 고용하고, 직원들이 일생을 바쳐 성장할 수 있는 무대를 제공한다. 그러므로 이익은 '고용을 보장하기 위해' 필요한 것이지 이익을 올리는 것 그 자체가 회사의 목적은 아니다.

모두를 위한 마법의 계약서, 크레도

어느 쪽으로 달려야 하는지 알면

쉽게 지치지 않는다

요즘은 아무리 작은 회사라도 미션과 비전이 있다. 미션과 비전을 통해서 사장은 '어떤 회사로 만들어가고 싶은지', '어떤 사업을 하고 싶은지', '사장 자신은 무엇을 하고 싶은지', '직원들은 어떻게 일해줬으면 하는지', '세상에 어떤 공헌을 하고 싶은지' 등과 같은 '꿈'과 '뜻'을 명문화한다. 경영자가 생각하는 방향성과 강도가 경영에 그대로 반영되기 때문에, 이러한 명문화 작업은 반드시 필요하다.

앞에서 사장의 결심이 '회사'를 바꾸고, 사장의 진심이 '직원'을 바꾼다고 했다. 결국 기업의 성과는 '사장의 생각'에 의해

결정된다. 따라서 기업의 정의와 존재 의의를 명확히 해두는 것이 중요하다. '종신 고용을 보장하고 직원에게 성장할 기회를 제공하는 것'이 내가 일본레이저를 운영하는 '목적'이자 '꿈'이자 '뜻'이다. 그리고 이를 직원들에게도 철저히 주지시키고 있다. 내가 '크레도'를 제정한 것도 이러한 나의 뜻을 직원들과 공유하기 위해서다.

내가 처음에 일본레이저의 사장으로 취임했을 때, 나의 방침에 찬성하지 않는 몇몇 직원들은 회사를 그만두었다. 회사를 살려내야 하는 힘든 상황에 인력이 부족해지는 상황까지 겹쳐 고통스러웠지만 나는 그들을 잡지 않았다. 회사의 경영 방침에 공감하지 못한다면 진심으로 따를 수 없을 것이고, 서로 다른 방향을 바라보며 일한다면 회사는 물론이고 그 직원의 인생에도 아무런 도움이 되지 않을 것이 뻔했기 때문이다.

일본레이저 홈페이지에는 '크레도' 전문이 게재되어 있다. 우리 회사에 들어오기를 희망하는 구직자들은 크레도 내용에 공감하기 때문에 '이 회사에서 일하고 싶다.'고 생각하는 것이다. 만약 크레도에 공감할 수 없다면 애초에 '일본레이저에서 일하고 싶다.'는 생각은 하지 않을 것이라고 생각한다.

우리 회사 직원들은 '일본레이저가 어떤 회사인지, 사장이 어떠한 뜻을 가지고 있는지'를 이해한 후에 입사한다. 따라서 쉽게 그만두지 않는다.

'사장 제일주의'냐,
'사원 제일주의'냐

나는 중소기업은 '사장 제일주의'로 운영하는 것이 옳다고 생각한다. 사장 제일주의란 '경영의 목적은 사장이 정해도 된다.'는 것을 의미한다. 어떤 회사를 만들고 싶은가, 직원들에게 어떻게 해줄 것인가를 전부 사장이 결정하는 것이다. 실제로 일본레이저의 이념과 비전은 간부들과 상의하지 않고 나 혼자 다 만들었다. 왜냐하면 회사의 방향은 사장이 결정하고, 사업의 성과는 사장의 생각에 의해 결정되기 때문이다.

하지만 사장 제일주의는 동시에 '사원 제일주의'여야 한다. 기업이 존재하는 이유는 무엇일까? 돈을 많이 벌어 사장이 사치스러운 생활을 하거나 폭리를 취하기 위해 존재하는 것은 분명 아닐 것이다. 앞에서도 여러 번 반복했듯이, 회사가 이익을 내는 것은 어디까지나 고용을 보장하기 위해서다. 회사는 직원에게 인생의 기쁨을 누리게 하고 성장하도록 해주는 무대다.

때문에 회사의 비전은 직원의 행복과 직결되어야 한다.

　일본레이저의 크레도는 한마디로 '사장 제일주의 겸 사원 제일주의'다. 크레도는 사장이 사원들에게 '나는 이렇게 회사를 경영하겠다.'고 약속하는 것이다. 동시에 직원 입장에서는 '나는 이렇게 일하겠다.'고 약속하는 것이다. 즉, 취업규칙이 '근로조건과 관련한 계약'이라면 크레도는 '일하는 방식과 관련한 서로 간의 계약'이라고 할 수 있다. 일본레이저의 크레도가 타사의 경영이념과 다른 부분은 크게 2가지다.

　첫째, 기업은 직원의 고용과 성장의 기회를 보장하기 위해 존재한다.

　둘째, 기업은 직원을 행복하게 하기 위해 존재한다.

　이 2가지를 명확히 언급한다는 점이 다르다. '사장 제일주의이자 사원 제일주의'라는 사고방식은 서구 기업에서는 존재하지도, 성립하지도 않는다. 서구의 기업에서는 자본가와 노동자가 대립적인 관계라는 것을 전제로 하기 때문이다. 그러나 나는 '경영자과 근로자는 대립하는 관계가 아니라 이념을 공유하는 관계'라고 생각한다.

크레도는 신조, 약속이라는 의미

크레도는 경영의 이념, 미션, 가치관, 경영 방침 등을 명확하게 표현한 것이다. 일본레이저가 '어떤 것에 가치를 두고, 어떤 회사가 되고자 하는지'를 명확히 설명하는 것이 바로 크레도다. 직원에게는 직원 헌장과 행동 규범에 해당하여, 일하는 방식의 기본, 바람직한 자세, 이념을 구현하는 직원의 조건 등에 대해 구체적으로 설명한다.

우리 회사 크레도에는 다음과 같은 내용이 포함된다. 일부분만 소개하겠다.

경영 방침

나의 경영 방침은 일본레이저의 규모를 확장하는 데에 있지 않고, 전 직원이 행복하게 일할 수 있고 자신의 성장을 통해 만족할 수 있는 회사를 만들기 위해 지원하는 것이다.

기업 미션

우리는 나이, 성별, 학력, 국적과 관계없이 일본레이저에서 일하는 모든 직원에게 자아실현과 성장의 기회 및 환경을 제공한다.

경영 지침

나는 일본레이저에서 근무하는 모든 직원들이 회사의 경영 철학과 가치관을 이해할 수 있도록 노력하겠다. 사장으로서 나의 역할은 직원 개개인의 성장을 위해 지원하는 것이지만 특별한 방법을 무리해서 밀어붙이지지는 않겠다.

기업의 존재 의의

고용 보장 – 일하는 즐거움을 얻을 수 있는 곳을 제공한다.
기회와 도전 – 성장과 자아실현의 기회를 부여한다.

나는 고용을 보장하기 위해 절대로 적자를 내지 않는 시스템을 만드는 데 경영의 역점을 두고 있다. 그러나 '훌륭한 제도'만으로는 '직원을 소중히 여기는 회사'를 만들 수 없다. '제도'보다 중요한 것은 사람을 소중히 여기는 기업 문화를 가꾸는 것이다.

일본레이저가 수많은 역경과 난관을 헤치고 '23년 연속 흑자'를 낼 수 있었던 이유는 무엇일까? 물론 인사 평가와 사원 교육 같은 제도도 중요한 역할을 했을 것이다. 하지만 전적으로 그런 것 때문만은 아니다. 나의 생각, 즉 회사의 이념과 존재 의의를 직원들에게 열심히 전달하고 공유해 우리 회사만의 문화를 만들었다는 점이 컸다고 생각한다.

　무엇을 위해 회사를 세웠는가, 무엇을 위해 회사를 경영하는가를 사장이 자신의 언어로 직원들에게 직접 전달하는 것이 중요하다. 그것이야말로 '사람이 떠나지 않는 회사'를 만드는 기본 요건이다.

'하위 20%'를
가장 소중히 여기는 회사

직원들에게 가치가 있는 회사는 고용 불안이 없는 회사다. 거듭 말하지만, 내가 일본레이저의 사장으로 근무하는 한 절대로, 누구라도 해고는 하지 않을 것이다. 연속 흑자가 고용 불안을 해소했고 이직률은 최근 10년간 거의 제로에 가깝다. 일반적으로 조직 구성원들은 다음과 같이 세 부류로 나뉜다는 통설이 있다. 소위 '2-6-2 법칙'이다.

- 상위 20% : 회사를 이끄는 20%의 리더
- 중위 60% : 회사를 지탱하는 60%의 인재
- 하위 20% : 80%에게 의지하는 20%의 구성원

사실 일본레이저에서도 직원 개개인의 매출 총이익과 성과, 토익 점수 등을 살펴보면 2-6-2의 비율로 나뉘는 것을 알 수 있다. 이러한 구성 비율에 대해서 외국계 기업과 일부 대기업에서는 하위 20%를 해고하고 능력 있는 직원을 새로 채용하는 편이 조직 역량 향상에 도움이 된다고 말한다. 스펙 좋고 능력이 출중한 직원이 새로 들어와 상위 20%를 차지하게 되면 기존에 상위에 있던 직원들이 중위권으로 밀려나게 되고, 중위권에 있던 직원은 하위권으로 밀려나게 된다. 그러면 2-6-2 구조는 변함이 없는데, 그럼에도 불구하고 전체적으로 상향평준화가 되니까 더 낫다는 것이다.

그러나 내 생각은 다르다. 나는 하위 20%를 해고해서는 절대 안 된다고 생각한다. 이유는 하위 20%를 내보내면 나머지 80% 직원들의 사기가 저하되기 때문이다. 상위 20%에 속한 리더도, 60%에 속한 직원도 언제나 '하위권으로 밀려날 위험성'을 안게 된다.

'하위 20%로 밀려나면 잘릴지도 모른다.'고 생각하게 되면 마음이 어떨까? 회사를 위해 최선을 다해야겠다는 생각은 하지 않게 될지도 모른다. 회사를 옮기는 것까지 심각하게 고려할지도 모른다. 그러나 업무 성과가 비교적 낮거나 질병 등 개인적인 위기에 직면하더라도 회사가 '반드시 고용을 보장한다.'고

약속해준다면 '회사를 위해 헌신적으로 일해야겠다.'고 생각할
것이다.

나를 지켜주는 회사는 나의 회사가 된다

누구에게나 이런저런 사정이 있다. 나도 대장암에 걸려 투병생
활을 한 적이 있다. 몸이 아프다거나, 부모님의 건강 상태가 악
화되어 간병을 해야 한다거나, 아이가 천식을 앓는다거나….
이처럼 이런저런 어려운 사정 때문에 부득이하게 성과를 내는
데 뒤쳐지고 남에게 기댈 수밖에 없게 된 하위 20% 직원들을
해고한다면 주변 직원들은 어떻게 생각할까?

'회사는 문제가 생겼을 때 직원들을 지켜주지 않으니 우리
도 회사를 위해 최선을 다할 필요가 없다.'거나 '시키는 일이나
대충 하고, 적당히 시간이나 때우다가 퇴근하자.'고 생각할 것
이 뻔하다. 이렇게 해서는 회사에 대한 충성심과 헌신하고자
하는 마음이 생겨날 리 만무하다.

일본레이저에서 하위 20%는 나머지 80% 직원들에게 무엇
인가를 느끼게 해주는 존재다. 하위 20%에 대해서도 고용을 확
실히 보장하니 다른 직원들도 '아무리 하위로 밀려나도 회사는
고용을 보장해준다. 그러니 우리도 회사를 위해 헌신하자.'고

마음먹게 된다.

오사카 지사 서비스 부서에서 제품 유지보수 및 수리를 담당하는 미즈타 료지 과장은 올해 60세다. 만 60세가 된 2017년 4월 이전까지 정년을 채우고, 그 이후부터 재고용 계약을 했다. 그는 자신을 가리켜 '종합 병원'이라고 부른다. 언젠가는 뼈가 부러지기도 했고 결핵을 앓았을 뿐만 아니라 현재는 양쪽 신장을 모두 떼어낸 상태다. 한 번에 서너 시간씩 걸리는 인공투석을 해야 해서 1주일에 3일, 월·수·금요일은 일찍 퇴근한다. 그리고 인공투석을 한 다음 날에는 컨디션을 고려해서 늦게 출근한다.

그가 인공투석을 시작한 것은 17년 전으로, 43세일 때였다. 예전에는 나와 함께 해외 출장을 떠난 적도 있었지만, 현재는 오사카 지사에서 서비스 업무를 담당하고 있다. 요즘 그는 성과가 정량적으로 드러나는 일은 할 수가 없다. 그러나 회사에는 그런 일 말고도 다양한 업무가 있다. 예전에 담당했던 업무를 계속할 수는 없지만, 그래도 지사의 스태프로서 자기효능감을 가지고 열심히 일하는 그의 모습을 볼 때마다 고개가 절로 숙여진다.

병을 앓고 있다고 해서 승진이나 보상에서 누락되거나 제외

되는 것은 아니다. 그가 과장으로 승진한 것은 신장 질환을 앓고 난 이후다. 우리 회사는 장애나 질병의 유무와 관계없이 실적에 따라 직무를 맡기는 것이 원칙이기 때문이다. 그는 이렇게 말한다.

"30년 이상 이 회사에서 일했지만, 곤도 사장님이 여느 사장들과 특히 다른 점은 고용에 대한 그의 관점입니다. 곤도 사장님은 '직원을 소중히 여기자.'는 생각을 매우 투철하게 가지고 계십니다. 그렇지 않았더라면 저 같은 종합 병원을 고용하지는 않으셨겠지요."

고액 연봉의 스카우트 제의를 뿌리치는 이유

일본레이저의 경쟁 업체들은 종종 다른 회사의 인재를 빼앗아 가려고 시도한다. 미국의 대형 업체 중 한 곳이 일본 법인을 설립할 때, 일본레이저 직원 5명에게 파격적인 조건을 제시하며 스카우트를 제의한 적이 있다. 연봉으로 '현재의 2배'를 제시했다고 한다. 그러나 놀랍게도 5명 모두 일본레이저를 떠나지 않았다. 일단 첫해에 제시한 연봉을 계속해서 줄 것인지 의문이었고, 본사의 사업 구조조정과 M&A 등으로 인해 해고될 위험성도 있으며, '업무의 자율성'이 낮다는 것이 그 이유였다. 연봉이 일시적으로 올라도 '언제 해고될지 모르는 위험성'이 있는 이상, 안정된 분위기 속에서 일할 수 없다고 판단한 것이다.

우리 회사가 지난 10년간 이직률 제로를 달성한 이유를 3가지로 정리해보았다. 이러한 정책은 새로 입사한 직원들이 흔들리지 않고 잘 정착하도록 돕고, 기존의 인재들이 이탈하지 않도록 해준다.

첫째, 무슨 일이 있어도 고용을 보장한다.

둘째, 하고 싶은 말을 할 수 있는 환경을 만든다.

셋째, 투명성 있는 인사 제도를 통해 능력에 따라 공평하게 평가하고 보상한다.

하고 싶은 말을 할 수 있는 분위기라면
월급이 적어도 그만두지 않는다

회사와 사장에 대한 비판을
너그러이 받아들일 수 있는가?

앞에서도 말했지만, 직원의 이탈을 방지하고 이직률을 낮추기 위해서는 무엇이든지 자유롭게 말할 수 있는 환경을 조성하는 것이 중요하다. 직원들이 매사에 상사와 사장의 안색을 살피고 눈치를 보느라 '하고 싶은 말을 하지 못하는' 혹은 '하고 싶은 일을 하지 못하는' 상황에서는 직원들에게 자립심도, 책임감도, 헌신도 기대할 수 없다.

예전에 우리 회사에 미네 히로유키라는 상무가 있었다. 안타깝게도 2015년 57세의 나이에 후두암으로 세상을 떠났지만, 사람들이 그를 '차차기 사장 후보감'이라고 생각한 이유 중 하나는 사장에 대한 직언, 충언, 진언을 주저하지 않는 사람이었기 때문이다.

미네는 20년 전 주임이었던 시절에 전사 회의에서 내게 심각한 표정으로 이렇게 이야기했다.

"사장님은 떠나는 사람을 붙잡지 않는다고 말씀하시는데, 오랜 기간 근무한 직원이 사표를 내는 것은 보통 일이 아니라고 생각합니다. 그런데도 사장님은 설득도 해보지 않고 사표를 수리하고는 금방 새로운 직원을 채용하십니다. '사람이 떠나도 새로운 사람을 뽑으면 그만'이라는 생각으로 회사를 운영하고 계신 것은 아닌가요?"

당시 임원들은 '미네가 회사를 그만둘 생각인가 보네. 그러니 마지막이라고 생각하고 사장한테 할 말 다 하겠다는 것 아니겠어?'라고 생각했다고 한다. 하지만 나는 그 이야기를 들으며 '미네는 절대 회사를 떠나지 않겠군. 저렇게 진지하게 회사를 걱정하니 말이야.' 하고 생각했다. 그리고 회의가 끝난 후에 그를 불러 이렇게 이야기했다.

"미네, 고맙네. 자네가 직설적으로 물어봐준 덕분에 내가 전 직원 앞에서 직접 나의 생각을 전달할 수 있었다네. 자네가 납득할 만큼 내 설명이 충분했는지는 모르겠지만, 적어도 나는 변명하거나 비판을 피하려 하지는 않았네. 내 나름대로는 최대한 성실히 설명했다고 생각하네. 아마 자네 말고도 '나간다는 사람 안 붙잡고 그 자리에 새로운 사람을 채용하면 그만인가?' 하고 의문을 품는 직원들이 있었을 거라고 생각하네. 그런 직원들에게 설명할 수 있는 기회를 만들어주어서 고맙네."

나는 면전에서 비판을 받아도 '창피를 당했다.'고 생각하지 않았다. 따라서 화를 내는 일도, 감정적으로 대처하는 일도 없었다. 만약 내가 그의 의견에 대해 기분 나빠하고 무시했다면 많은 직원들이 실망을 안고 회사를 떠났을지도 모른다. 설령 회사를 그만두지 않더라도 마음속에 '내 생각을 솔직히 이야기해봐야 무시당하거나 괜히 미운털만 박히겠구나.' 하는 생각이 자리 잡을 것이다. 그랬다면 일본레이저는 더 이상 존속하기 어려워졌을지도 모른다.

한편 회사를 그만둘 각오를 하고 사장에게 충언을 한 미네는 그 후에 "회사를 위해 최선을 다하겠다."고 말하고 괄목할 만한 영업실적을 꾸준히 올렸다. 그리고 세상을 떠나기 전까지 20년간 주임 → 계장 → 부과장 → 과장 → 차장 → 부장 → 임원 → 상무로 승진했고 그야말로 혼신을 다 바쳤다. 사장의 말 한 마디가, 직원을 대하는 따뜻한 눈빛 한 번이 직원도 회사도 달라지게 만들었다고 생각한다.

직원이 절대로 떠나지 않는
3가지 조건이 있다

우리는 왜 직장에 다니고 일을 할까? '돈을 벌어 생계를 유지하기 위해서'라는 대답이 가장 먼저 떠오를 것이다. 하지만 오로지 돈을 벌기 위해서만 일하는 것은 아니다. 또한 오로지 승진하기 위해서만 일하는 것도 아니다. 돈만 많이 주는 회사, 승진만 빨리 시켜주는 회사라고 해서 직원들이 떠나지 않고 계속 일할 수 있을까? 그렇지 않다. 직원들의 마음을 움직이는 원동력은 다음 3가지다.

첫째, 하고 싶은 말이 있다면 무엇이든 할 수 있는 밝고 개방적인 조직 문화가 있다.

둘째, 회사가 나를 소중히 여긴다는 사실을 실감한다.

셋째, 회사는 내 것이라는 주인의식을 가지고 있다.

이 3가지 조건을 만족하면 직원들은 결코 회사를 떠나지 않는다. 앞에서도 말했지만 우리 회사에는 성과가 우수한 직원들 중에 36세에 부장이 되어 40세에 임원으로 발탁된 사람도 있다. 그의 연봉은 1,000만 엔(한화로 1억 원 - 옮긴이) 이상으로, 승진이 늦고 공헌도가 낮은 직원과 비교하면 연봉이 2배 이상 차이가 난다. 고성과자와 비교하면 이렇게 크게 격차가 벌어지는데도, 왜 우리 회사 직원들이 회사를 그만두지 않는 것일까?

바로 앞에서 소개한 3가지 조건이 우리 회사의 문화 속에 스며들어, 직원들이 하고 싶은 말을 무엇이든 할 수 있고, 회사가 직원을 소중히 여기고 있다고 실감하며, 회사는 내 것이라는 주인의식을 가지고 있기 때문이다.

강한 조직을 만드는 CAR 원칙

직원이 회사에 바라는 것 중 가장 중요한 것은 '하고 싶은 말을 할 수 있는 것'이다. 사장(상사)과 부하직원이 '무엇이든 자유롭게 말할 수 있는 관계'를 구축할 수 있다면 직원은 자주적으로 일할 수 있다.

그렇다면 어떻게 해야 무엇이든 자유롭게 말할 수 있는 분위기를 만들 수 있을까? 먼저 상하 수직적인 관계가 아닌 수평적인 관계를 구축하는 것이 중요하다. 일본레이저에서는 사장과 직원, 상사와 부하, 모든 인간관계에 대한 원칙이 하나 있다. 바로 'CAR'라고 불리는 원칙이다. CAR는 컨피던스 Confidence(신뢰), 어필링Appealing(매력), 리스펙트Respect(존경)의 줄임말이다.

첫째, 컨피던스Confidence(신뢰) − 서로 믿고 지지하는 것

둘째, 어필링Appealing(매력) − 서로가 상대방을 매력적인 존재로 인식하는 것

셋째, 리스펙트Respect(존경) − 존경심을 바탕으로 서로 공감하고 연대감을 갖는 것

나는 사장으로서 '절대로 적자를 내지 않겠다.', '정리해고는 하지 않겠다.'는 것을 직원들에게 꾸준히 어필한다. 한편, 직원들은 실적을 올리고 회사에 공헌하는 것으로 사장인 나에게 어필한다. 서로에 대한 존중과 신뢰를 바탕으로 각자 맡은 바 최선을 다해 어필하면 공감대가 형성된다. 여기에서 공감은 동정과는 다르다. '존경심'을 바탕으로 하기 때문이다.

내가 생각하는 '존경심'이란 "당신, 정말 최고야!"라고 서로를 인정해주는 '선의의 경쟁자' 즉 라이벌 의식에 가깝다. 직원과 직원, 사장과 직원 사이에도 어느 쪽이 더 우위에 있다고 말할 수는 없다. 각자 자신이 맡은 역할을 최선을 다해 성취해내는 선의의 경쟁자로 수평적인 관계에 있기 때문이다. 우리 회사 직원들이 어려운 환경 속에서도 회사를 떠나지 않는 것은 이러한 'CAR 원칙'을 바탕으로 한 개방적인 조직 문화 때문이다.

일본레이저는 이상적인 직장의 이미지를 'SOFT'라는 단어로 압축해 전 직원이 공유한다. 또한 사장이 먼저 솔선수범해서 직장에서는 될 수 있는 한 밝은 모습을 유지하고, 위기를 맞이할수록 미소를 잃지 않도록 노력하고 있다.

'SOFT'란 아래 단어들의 앞 글자를 따서 만든 말이다. 이것은 일본전자 입사 선배이자 일본 델컴퓨터 회장을 역임한 후키노 히로시에게서 배운 개념이다. 간단히 설명하자면 아래와 같다.

S: SPEED(신속함) / SIMPLE(단순함)

O: OPEN(개방성) / OPPORTUNITY(기회균등)

F: FAIR(공정함) / FLEXIBILITY(유연함)

T: TRANSPARENCY(투명함) / TEAMWORK(협업)

– SPEED(신속함) : 어떤 일이 발생했을 때는 누군가가 손을 들 때까지 기다리지 말고 먼저 발견한 사람이 곧바로 대응한다. 일을 뒤로 미루지 않고 바로 대응하는 '즉실천 직장'이 이상적이다.

– SIMPLE(단순함) : 조직의 구성과 규칙은 심플하게 설계하

는 것이 원칙이다. 규칙이 복잡해지면 직원들의 자주성이 훼손되고 일처리 속도가 느려진다.

- OPEN(개방성) : 현대 사회를 사는 우리들은 인종, 성별, 출신 지역 등이 다른 사람들과 어울려 살아가야 한다. 다양한 가치관이 공존함을 받아들이고, 생각과 입장이 다른 사람에 대해 개방적인 태도를 가져야 한다.

- OPPORTUNITY(기회균등) : 우리 회사는 실력주의를 지향한다. 그러므로 남성이든 여성이든, 일본인이든 외국인이든, 몸이 불편한 사람이든 건강한 사람이든 관계없이 모두가 공평한 기회를 부여받아야 한다.

- FAIR(공정함) : 인사평가 기준이 명확하고 공정하지 않으면 실력주의는 제대로 작동할 수 없다.

- FLEXIBILITY(유연함) : 뜻밖의 일이 벌어졌을 때는 처음 있는 일이라고 무시하지 않고 유연하게 대응하는 것이 중요하다. '처음 있는 일'이라고 해서 경직된 자세로 대응하면 혁신은 영원히 불가능하다.

- TRANSPARENCY(투명함) : 정보를 숨기면 내부 커뮤니케이션이 원활히 이뤄지지 않는다. 우리 회사는 재무제표는 물론이고 영업 그룹별, 개인별 수주 실적과 매출 총이익 현황을 공개한다.

– TEAMWORK(협업) : 일은 개인이 아닌 '팀'이 수행하는 것이다. 팀워크를 향상시키기 위해 우리 회사는 직원 여행, 파티, 환영·환송회, 해외 협력사와의 친목모임 등을 적극적으로 지원한다. 이러한 이벤트에는 직원뿐만 아니라 파트타임 직원과 환경미화원들도 참석한다.

작은 회사일수록
'다양성'이 중요하다

각자의 개성이 충돌할 때
이노베이션이 시작된다

다이버시티 경영이란, 기업이 다양한 인재를 활용하여 그들이
가진 능력을 최대한 발휘할 수 있는 기회를 제공하고 이를 통
해 혁신을 이끌어내는 것을 말한다. '다이버시티Diversity'는 '다
양성'이라는 뜻인데, 서로 다른 배경을 가진 인재들이 협력해
조직에 다양성을 유지하는 것은 생산성과 창조성 제고에 큰 도
움이 된다. 실제로 미국 실리콘밸리는 다이버시티 경영의 모범
적인 사례라고 할 수 있는데, 여러 인종이 모여 있다 보니 일상
적으로 각자의 개성이 충돌하고 융합하며, 그 과정에서 끊임없
이 새로운 이노베이션이 일어나고 있다.

일본의 경제산업성은 다이버시티를 통해 기업의 가치를 제고한 기업에 표창한다. 일본레이저도 '다이버시티 경영기업 100선'에 선정되어 수상한 바 있다. '여성 활약 촉진', '1억 총활약 시대'(저출산·고령화 문제를 해결하여 50년 후에도 인구 1억 명을 유지하겠다는 의미로 일본 정부가 내건 슬로건 - 옮긴이) 등 정부의 메시지가 산업계에도 침투하고 있다. 정부는 '여성 관리자의 비율을 2020년까지 30% 이상으로 늘리자(2014년 11.3%).'고 호소하고 '여성활약촉진법'을 제정했다.

일본레이저에서는 내가 사장으로 취임한 1994년 이후 국적, 연령, 성별, 학력을 따지지 않았고 이질적이고 다양한 인재를 채용해왔다. 여성 사원의 비율은 파트타임 직원을 포함하여 30%이다. 여성 관리자 비율도 30%이다. 직원들의 평균연령은 남자 40.6세, 여자 42.4세로 60세 이상의 시니어 직원도 전체의 20% 이상이다. 그 외에도, 한때는 중국 국적의 직원이 20%를 차지하는 등 그야말로 다이버시티 경영을 적극적으로 실현해왔다.

우리 회사는 개인의 상황에 맞게 고용 형태를 선택할 수 있기 때문에, 일과 육아를 병행해야 하는 워킹맘도, 질병을 앓고 있는 직원도 회사를 그만두지 않고 계속 일할 수 있다. 다이버시티의 장점은 크게 2가지다.

첫째, 다른 사람과 비교하지 않게 된다.

연령과 환경이 엇비슷한 사람끼리 모이면 어쩔 수 없이 옆에 있는 사람이 신경 쓰이게 마련이다. 그러나 연령도 성별도 국적도 경험도 모두 다르면 서로 다름을 인정하고 협력해나가면서 각자의 능력을 발휘하게 된다.

둘째, 서로 자극을 주고받는다.

연령이 비슷하거나 성별이 같은 사람끼리 모이면 안정감을 느끼고 함께 지내기에 편안할지도 모른다. 그러나 안정은 현상 유지로 이어져 성장을 멈추게 할 가능성도 있다. 다양한 사람들이 모이면 자연스레 타인을 인정하고 자신의 성장을 추구하게 된다.

작은 회사가 다양성을 갖추는 3가지 조건

그렇다면 어떻게 해야 작은 회사도 다양성이 살아 있는 조직을 구현할 수 있을까? 나는 다음의 3가지 조건을 갖추는 것이 중요하다고 생각한다.

첫째, 헬로워크를 활용한다(헬로워크Hello Work는 구직자들에게 무료로 구인정보와 취업상담 서비스를 제공하고 실업급여를 지급하는 '공공 직업안내소'의 애칭 – 옮긴이).

둘째, 고졸·대졸 신입 공채가 아닌 연중 수시채용을 통해 사람을 뽑는다.

셋째, 투명성 있는 인사, 성과 평가 제도를 확립한다.

헬로워크를 활용한다

일본레이저가 다이버시티 경영을 뒷받침하는 인사, 성과 평가 시스템을 도입하게 된 계기는 경영난으로 인해 인력 부족을 경험하면서부터였다. 1994년 일본레이저의 사장으로 취임했을 때 내가 내세운 경영 방침에 따르지 않는 직원들이 하나둘씩 회사를 그만두고 말았다. 그리고 당시에는 일본전자의 뜻에 따라 일본레이저의 차기 사장이 결정되었기 때문에, 살아남은 직원들은 자격을 갖추더라도 사장이 될 수는 없는 구조였다.

이런 환경에서는 직원들의 사기가 오르지 않았다. 열심히 일하고 높은 성과를 내서 임원도 되고 사장도 되고 싶어 하는 우수한 직원들에게는 특히 더 달갑지 않았을 것이다. '이대로 살아남아도 사장이나 임원은 될 수 없다.'고 생각하면 거래처를 들고 나가 독립하는 쪽을 선택하기 쉽다. 내가 5대 사장이 됐을 때 이미 레이저 수입 업계에는 일본레이저 출신인 사장이 12명이나 됐다. 혼자 나가는 게 아니라 일 잘하는 직원들까지 데리고 나가는 경우도 많았다.

인재를 보충하는 일이 시급했지만 직원을 채용하기 위해 집행할 비용은 없었기 때문에 헬로워크에 의뢰하는 수밖에 없었다. 당시 우리 회사에 입사를 지원한 사람들은 정리해고를 당한 고령자, 성희롱과 모성 괴롭힘 때문에 회사를 그만둔 여성 직원, 외국인 유학생, 국내 학위가 없는 해외 유학파 등이었다. 그들을 채용함으로써 결과적으로 우리 회사의 직원 구성이 다양해질 수 있었다.

둘째, 고졸·대졸 신입 공채가 아닌 연중 수시 채용을 통해 사람을 뽑는다.

일본레이저는 원칙적으로, 학력이나 성적, 스펙 등의 평가를 전제로 하는 '대졸 신입 공채'를 통해 사람을 뽑지 않는다. 학력이나 연차에 따라 다른 임금 체계는 표면상으로는 남녀가 평등한 제도이지만 운용 과정에서 남녀 간에 차이가 발생하기도 한다. 최근에 대졸 신입사원이 3월에 입사하고 있지만 이는 '일본레이저에서 근무하고 싶다.'는 본인들의 열의를 인정한 예외적인 경우다. 공채 방식이 아니라 성별과 국적을 따지지 않고 연중 수시로 채용하며, 홈페이지에서 상시적으로 이력서를 받고 있다.

나고야 지사에서 근무하는 오자와 마사타카는 대기업 2곳의 입사 내정을 받았다. 하지만 나가노 현에서 살고 있는 부친이 병으로 쓰러졌고, 가족들은 오자와가 졸업 후에 고향으로 내려와 가업을 이어가기를 원했다. 때문에 오자와는 두 회사로부터 받은 입사 제안을 반려할 수밖에 없었다. 다행히 부친은 위기를 잘 넘겼고 오자와는 고향으로 돌아가지 않아도 됐다.

대기업 입사를 반려했기 때문에 갑자기 갈 곳이 없는 상태로 졸업한 그는, 일본레이저 홈페이지에서 연중 수시 채용 중이라는 것을 보고 지원했다. 5월에 입사한 그는 현재 나고야 지사에서 근무하고 있다. 냉엄한 현실을 한 차례 맛본 그는 요즘 일본레이저의 비즈니스를 열심히 익혀나가고 있다.

정부 차원에서 다이버시티 경영을 장려하고 있지만, 나는 고졸·대졸 신입사원 공채를 중단하지 않는 한 다이버시티 경영은 불가능하다고 생각한다. 공채로 많은 수의 직원을 한꺼번에 뽑지 않으면, 필요할 때마다 수시로 다양한 인재를 채용할 수 있다.

사람들은 나에게 자주 묻는다.

"일본레이저의 실적이 좋은 것은 최첨단 제품을 취급하기 때문 아닙니까?"

이 질문에 대한 대답은 "아니오."다. 직원들을 고졸·대졸 신입 공채로 채용하지 않는 것이 비결이다. 다양한 인재가 능력에 맞게 일하고 실적과 공헌도에 따라 공정하게 평가받는 구조를 구축했기 때문에 다이버시티가 확보되는 것이다.

다이버시티 경영은 일본레이저의 '경영 이념'이지 사회 복지를 위한 것이 아니다. '사람을 소중히 여기는 회사'를 만들어가려고 노력한 결과가 다이버시티인 것이다.

셋째, 투명성 있는 인사 제도를 확립한다.

평가에 대한 기준과 결과를 투명하게 공개하고 누구라도 납득할 가능성이 담보된다면 직원들 사이에 연봉 차이가 아무리 커도 회사를 그만두는 일은 없을 것이라고 믿는다. 직원들이 노력하고 공헌한 바에 대해서 회사가 공정하게 평가하고 성과급으로 보상해야 직원들의 모티베이션을 유지할 수 있다.

부연하자면, 투명성이란 '무엇을 해야 월급이 오를까?', '무엇을 해야 수당이 지급될까?', '무엇을 해야 승진할까?'와 관련한 기준을 명확히 세우는 것을 의미한다. '납득 가능성'이란 직원이 회사(상사)의 평가 결과를 받아들일 수 있도록 철저히 설명하고 충분히 이야기를 나누는 것을 의미한다.

내가 사장으로 취임한 당시, 일본레이저의 성과 평가 제도는 모회사인 일본전자와 마찬가지로 성과에 따른 보상의 차이가 크지 않았다. 예컨대 보너스는 '6개월마다 2개월분의 월급'을 지급하는 것을 기준으로, 평가점수가 낮은 직원에게는 '1.9개월분'을 지급하고 점수가 높은 직원에게는 '2.1개월분'을 지급했다. 결국 일을 잘했든지 못했든지 '0.2개월분'밖에 차이 나지 않는 것이었다.

'정시에 출근해서 정시에 퇴근하는 직원'과 '아침에 300킬로미터를 달려가 나가노에서 제품 시연을 한 뒤 다시 회사로 돌아와서 독일에 팩스를 보내거나 전화를 하느라 밤 10시까지 일하는 직원'의 보너스가 '0.1개월분'밖에 차이 나지 않았던 것이다.

일을 잘했든 못했든 평가 면에서 큰 차이가 없다면 직원의 모티베이션은 향상되지 않는다. 모든 직원들에게 도전할 수 있는 기회를 공평하게 제공하고, 결과에 대해서는 누구라도 납득할 수 있도록 공정하게 평가하는 것이 중요하다.

그렇다면 어떻게 해야 공정한 평가가 가능할까? 직원들의 성과와 기여도를 공정하게 평가하기 위해서는 사장 혼자 결정하지 않고, 임원 전원이 전 사원을 평가한 후 사장과 함께 장시간 의논하여 임원들 사이에 기준과 가치관이 상이한 부분을 매번 조정해 나가는 것이 중요하다.

나 역시 임원들과 함께 처음에는 1박 2일에 걸쳐 성과 평가를 했다. 학력, 성별, 국적, 장애 유무에 얽매이지 않고 사람을 고용하기 위해서는 시대와 환경 변화에 맞춰 제도를 계속해서 다듬어갈 필요가 있다.

작은 회사에서
글로벌 인재를 육성하는 방법

글로벌 관점에서
조직 내부의 문화와 인재를 바라보자

일본레이저는 해외 업체로부터 최첨단 레이저 관련 기기를 수입, 판매하는 업체다. 매출의 '90%'를 수입 판매가 차지하며, 전 세계 여러 기업들과 거래하고 있다. 요즘은 업종에 상관없이 기업도 사람도 자국이라는 울타리를 넘나들며 글로벌하게 활동하는 것이 보편화되어가고 있음을 느낀다.

　해외에서 사업을 하거나, 해외 기업과 거래하는 것은 이제 더 이상 대기업만의 이야기가 아니다. 국내 시장이 포화된 요즘 많은 기업들이 해외로 눈을 돌리기 시작했다. 해외 진출에 관심이 있는 제조 업체는 물론이고, 음식점이나 소매점 같은 서비스 업체도 글로벌화하려는 조짐을 찾아볼 수 있다. 일본에 방문하는 외국인이 급격하게 늘어났다는 점도 글로벌 시장 진출에 자신감을 더해주는 요인이 아닌가 싶다.

일본레이저는 일본인이든 외국인이든 구별하지 않고 채용하고 있으며, 중국인 5명과 한국인 1명을 채용한 적도 있다. 중국인 5명 중 2명은 일본으로 귀화했고 1명은 영주권을 얻었다. 또한 해외 업체 출신의 독일인과 프랑스인을 절반 수준의 연봉을 주고 채용한 적도 있다. 모두 일본인 여성과 결혼한 뒤 본국으로 돌아갔다.

과거에 외국인과의 교류가 없었던 중소기업도 이제부터는 달라지지 않으면 안 될 것이다. 어떤 업종이든 국내에만 얽매여 있어서는 사업을 제대로 전개할 수 없다. 앞으로는 해외로 출장을 떠나고, 같은 공간에서 외국인과 함께 일하고, 해외에서 온 고객을 맞이하는 등의 글로벌 업무가 일상적으로 일어날 것이다. 따라서 대기업뿐만 아니라 중소기업도 '글로벌 인재'를 육성해야 한다.

그렇다면 글로벌 인재란 어떠한 인재를 말하는가? 글로벌 인재
에게는 다음 4가지 능력이 필요하다고 생각한다.

첫째, 영어로 커뮤니케이션할 수 있는 능력

영어로 커뮤니케이션할 수 있는 능력은 회사의 교육제도와
스스로의 자주적 학습을 통해 향상시킬 수 있다. 토익 시험은
정보처리 능력을 보여주는 것이므로 점수가 높다고 해서 영어
를 유창하게 구사할 수 있는 것은 아니다. 외국인과 커뮤니케
이션하기 위해서는 회화 능력이 필요하다.

둘째, 자기 의견을 가지고 주장할 수 있는 능력

직원 개개인의 노력 이상으로 기업의 문화도 중요하다. 서
로 다른 의견을 자유롭게 이야기할 수 있는 분위기, 소통이 원
활한 기업 문화가 필요하다.

셋째, 나와 다른 가치관과 문화를 존중하는 자세

문화에 우열을 가릴 수는 없다. 때문에 서로 다른 가치관과
문화를 존중하고 인정하는 것이 중요하다.

넷째, 자기 나라의 역사, 문화, 비즈니스에 관해서 외국인에게 전달할 수 있는 능력

자기 나라의 역사과 문화, 자국인 특유의 습관과 사고방식을 이해한 후 다른 문화권에서 온 사람들에게 설명해줄 수 있어야 한다.

예전에 우리 회사에 친슈엔이라는 중국인 여성이 근무한 적 있다. 10년도 더 된 이야기이지만, 그녀는 27세 때 일본으로 귀화한 뒤 하야시 미키로 다시 태어났다. 매우 우수한 영업 사원이었기 때문에 나는 '앞으로도 일본레이저에서 계속 함께 일하면 좋겠다.'고 생각했지만 반년 후 회사를 그만두고 미국으로 건너갔다. 회사를 그만둘 때 그녀는 이렇게 이야기했다.

"미국 대학에 가서 영어 공부를 하고 경영학 석사학위를 받고 싶어요. 앞으로는 일본, 중국, 한국, 대만 등 동아시아 국가가 세상의 중심으로 우뚝 설 거예요. 이 지역에서 활약하려면 영어, 일본어, 중국어를 유창하게 구사할 수 있어야 하고 미국 학교에서 경영학 석사학위를 취득할 필요가 있어요. 이 정도 역량을 쌓으면 싱가포르든 상하이든 도쿄든 어디서든 활약할 수 있을 거예요."

그녀가 커리어 개발을 위해 당당히 도전하는 모습을 본 다

른 직원들은 자극을 받고 감동했다. 이런 인재는 조직에 활기
를 불어넣고 주위 사람들을 변화시킨다.

글로벌 시대에는
작은 회사도 영어가 필수다

영어 구사능력은
정보처리 능력과 회화 능력의 조화

기업의 활동 무대가 전 세계로 확장되면 모든 직원에게 '영어 구사능력'은 필수불가결하다. 앞으로는 경쟁에서 이기려면 반드시 영어 구사능력을 갖춰야 한다고 생각한다. 영어 구사능력은 크게 2가지로 나뉜다. '정보처리 능력'과 '회화 능력'이다.

첫째, 정보처리 능력은 영어로 된 자료를 읽거나 비즈니스 서신(해외 협력사와 주고받는 메일)을 영어로 작성할 수 있는 능력이다.

둘째, 회화 능력은 원어민처럼 완벽한 수준까지는 필요 없지만 영어로 토론할 수 있을 정도는 되어야 한다. 조금 더 자세히 설명하면 다음과 같다.

일본레이저는 토익 점수를 인사고과에 반영한다. 이를 통해 직원의 '정보처리 능력'을 평가할 수 있기 때문이다. 점수에 따라 월 0~2만 5,000엔을 지급한다. 500점 미만인 직원과 900점 이상인 직원은 연간 최대 30만 엔 정도 차이가 벌어진다.

토익 점수는 '청해력'과 '독해력'에 따라 결정되기 때문에, 점수가 아무리 좋아도 '회화 능력'은 판단할 수 없다. 그러나 '정보처리 능력'을 평가하기에는 안성맞춤이다. 다른 사람에게서 정보를 얻으려면 '청해력'이 필요하고 인터넷상의 영어 문장을 보고 정보를 얻으려면 '독해력'이 필요하다. 토익 점수에 따라 영어 정보 수집력 면에서 분명한 차이가 난다.

또한, 토익 시험은 200개 문제를 2시간 내에 풀어야 하기 때문에, 영어 구사능력 외에도 집중력, 주의력, 판단력, 체력, 일본어 정보처리 능력(문제의 의미를 이해해야 하기 때문에)을 기르는 훈련이기도 하다.

내가 토익 시험에 처음으로 응시한 것은 63세가 되고 나서였다. 직원들에게 의무적으로 시험을 치르게 하고 점수에 따라 수당을 다르게 지급하는데, 사장이 시험을 보지 않는다는 것은 공평하지 않다고 생각해서 시험을 봤다. 결과는 855점. 그때 우리 회사 직원 중 최고 점수는 965점이었다.

영어 구사능력을 지속적으로 향상시킬 수 있도록 회사가 계속해서 지원한 결과, MEBO 당시 12명이었던 500점 미만 득점자는 현재 4명으로 줄었다.

비행기 한 번 타본 적 없는데 어떻게 고득점을?

시스템 기기부에서 근무하는 다니구치 도루는 입사 당시 토익점수가 무려 965점이었다. 사내에서 영어 실력으로는 거의 톱클래스에 가까웠다. 하지만 어학연수나 유학을 떠나본 적은 한번도 없다고 한다. 그뿐만 아니라 입사하기 전까지 한 번도 비행기를 타본 적이 없다고 했다. 그의 영어 공부 이력에 특별한 것은 없고 '학교에서 배운 영어'가 전부였다. 영어를 처음 접한 것은 중학교에 입학하면서부터였다. 그런데도 어떻게 이렇게 높은 점수를 얻을 수 있었던 것일까?

다니구치의 아버지는 그가 한 살 때 돌아가셨다. 아버지는 살아계실 때 아내(다니구치의 어머니)에게 '앞으로는 영어가 필수일 테니 제대로 공부하게 하라.'고 부탁하셨다고 한다. 이런 일이 있었다는 것을 알게 된 다니구치는 아버지의 가르침대로 중학교에 입학한 뒤 영어 공부를 시작했다. 그러나 경제적인 이유로 학원에 다닐 수는 없었다. 그래서 그는 중고등학교 6년 동안 영어 교과서(중1부터 고3까지 6권)를 통째로 외웠다. 다 외워질 때까지 소리 내어 읽고 또 읽은 것이다. 그 결과 멋지게 고베시 외국어 대학교에 입학할 수 있었다.

그는 대학에 들어간 후에도 꾸준히 영어 공부를 했다. 영어를 마스터하고 싶어 하는 친구와 함께 '오늘부터 졸업할 때까지 영어로만 이야기하자.'고 약속하고 절대로 일본어를 사용하지 않았다고 한다.

그의 영어 구사능력은 우직하게 노력한 결과 얻어낸 것이라고 이야기해도 과언이 아니다. 특별한 교육을 받거나 해외 유학을 다녀오지는 않았지만 '중고등학교 교과서를 몇 번이고 소리 내어 읽는 것'만으로 영어 구사능력을 갖출 수 있다. 그 후 그는 거의 만점에 가까운 985점을 받았다. 다니구치는 영어 학습 측면에서 매우 훌륭한 롤모델이라고 할 수 있다.

내가 영어 때문에 좌절한 경험

일본의 영어 교육은 정보처리 능력(청해력과 독해력)에 중점을 두기 때문에, '일본 사람들은 영어 회화를 잘 못한다.'고 이야기하는 사람이 적지 않다. 나도 40세 때 일본전자 미국 법인에 부임했을 때 영어 회화 때문에 고생한 적이 있다. 현지 직원이 이야기하는 내용은 이해할 수 있었지만 '내가 하고 싶은 이야기'는 충분히 전달할 수 없었던 것이다. 아마도 두 번이나 위궤양 진단을 받은 것도 영어 스트레스 때문이 아니었을까 싶다.

내가 영어 회화로 좌절한 이유는 영어의 '어순'이 헷갈렸기 때문이다. 일본어와 영어는 주어, 술어, 수식어의 순서가 서로 다르다. 어순을 몸으로 익히지 못하면 머릿속으로 '일본어와 영어의 어순을 재배열하여 처리'해야 때문에 속도가 붙지 않는다.

따라서 나는 《반드시 유창한 영어 실력을 키우기 위한 영문법: 중급편 Part 1》을 비롯해 몇몇 영어책을 교과서 삼아서 예문을 몇 번이고 소리 내어 읽었다. 소리 내어 읽기를 반복하면 기본적인 구문을 '몸으로 기억'할 수 있기 때문에 회화 능력이 향상된다.

일본레이저는 최근 몇 년간 보스턴, 프랑크푸르트, 콜로라도, 대만 등 해외 대학으로부터 학생 8명을 인턴으로 채용했다. 인턴십 기간은 1~3개월이다. 인턴십 기간 중에는 인턴도 '사장학교'에 참가하게 한다. 인턴이 참가할 때에는 일본어 교과서를 사용하지 않고 영어로 토의하고 토론한다. 그게 규칙이다. '영어만' 사용해야 하기 때문에 회화 능력을 기를 수 있다.

모회사로부터 독립하기 전부터 근무해온 직원 중에는 토익 점수가 500점 미만인 사람도 있다. 그래서 그들을 대상으로 영어를 잘하는 임원이 강사로 나서는 '작심 학교'를 열어서 영어 구사능력을 향상시키고자 노력하고 있다. 또한 촉탁 사원과 파트타임 직원에게도 이러닝(인터넷을 이용한 영어 학습)과 영어 회화 학원과의 제휴를 통해 사내에서도 영어 수업을 들을 수 있도록 했으며, 개인적으로 수강을 희망하는 직원들에게는 비용의 3분의 2를 보조해준다.

　　해외 기업과 거래하는 우리 회사 입장에서는 당연한 이야기이지만, 일본을 방문하는 외국인 수가 연간 2,400만 명(2016년 기준)이나 되는 글로벌 시대에 살고 있는 만큼 기업 역시 직원들을 대상으로 한 영어 교육에 대해 관점을 전환할 필요가 있다.

일하고 싶다면
누구나 80세까지 일할 수 있어야 한다

60세 이상인 시니어 직원 비율이 20%

오랜 기간 동안 축적된 기술과 영업 노하우가 젊은 직원들에게 제대로 전수되려면 고령의 시니어 직원들이 활발히 활동해야 한다. 우리 회사는 정년이 '60세'이지만, 퇴직금 지급 후에 모두 촉탁계약 직원으로 재고용한다. 누구라도 65세까지 별다른 조건 없이 근무할 수 있다. 또한 회사가 필요로 하는 사람이라면 70세까지 다시 재고용하는 제도도 있다. 향후에는 80세까지 연장할 예정이다.

우리 회사에 현재 60세 이상인 직원은 전체의 20%이다. 60~65세 사이인 재고용된 직원들의 연봉은 420~540만 엔(평균 480만 엔) 수준이며, 65세 이후에 다시 한 번 재고용된 직원들의 연봉도 연금을 포함하면 이와 비슷한 수준이다. 현재 정년 이후에 재고용되어 근무하는 직원은 총 4명이다. 그중에서 2명은 그룹장으로 활약하고 있다. 그리고 상무는 64세가 되면 퇴임하지만 퇴임한 날 바로 다음 날부터 하루 7.5시간 근무하는 고문으로 위촉된다. 현재 우리 회사에는 임원 출신 고문 2명 (69세, 67세)이 근무하고 있다.

재고용 사원의 고용계약은 종합평가 제도를 기반으로 하여 1년 단위로 갱신한다. 계약 내용을 매년 수정하여 본인이 희망하는 근무 형태에 맞춰주려고 한다. 예를 들어, 정년까지 지사장으로 근무했던 한 직원은 '출근하는 데 2시간이나 걸리니 60세가 되면 퇴직하고 싶다.'고 이야기했다. 그래서 나는 출퇴근 부담을 줄여주기 위해 '재택근무' 형태로 재고용 계약을 맺자고 제안했다. 그러나 집에서 근무하다 보니 업무 몰입도도 떨어지고, 지역 주민들을 도울 일도 늘어나는 바람에 63세에 어쩔 수 없이 퇴직했다. 또한 재고용된 후에 본인의 건강 문제나 가족을 돌봐야 하는 이유로 퇴직하는 사람도 있었다.

이처럼 60세 이상이 되면 근무 형태와 관련한 요구사항이 다양해진다. 이러한 요구사항을 수용하기 위해 1년마다 계약을 갱신하는 것이다. 우리 회사는 경영 이념이 '종신 고용을 보장하는 것'이다. 때문에 시니어 직원이라고 해도 본인이 희망하면 계속 일할 수 있도록 지원한다. 회사가 계약 갱신을 거절하거나 회사의 상황이 안 좋다는 핑계로 일방적으로 해고하는 일은 전혀 없다.

회사보다는 가정을 더 우선으로 여기라는 이상한 회사

나는 여성 직원과 시니어 직원에게 요구하는 것이 다르다. 여성 직원에게 요구하는 것은 '공헌'이고, 시니어 직원에게 요구하는 것은 '헌신'이다.

아이를 가진 여성 직원은 아내이자 엄마이자 직장인이다. '1인 3역'을 해야 하기 때문에 '회사에 몸과 마음을 모두 바치기'는 사실상 어렵다. 특히나 한창 아이를 키워야 하는 시기에는 더욱 그럴 수밖에 없다. 따라서 실적을 올리는 데 공헌해주었으면 하고 바라지만, 회사를 위해 가정도 육아도 모두 희생하며 헌신하기를 바라지는 않는다. 사장으로서 말도 안 된다고 생각할지 모르겠지만, 나는 여성 직원들이 회사보다 가족을 우선으로 여겨도 좋다고 생각한다. 이를 여성 차별이라고 생각하는 사람이 있을 수도 있겠지만, 내 입장은 그렇다.

한편, 60세 이상의 시니어 직원들에게는 '회사를 위해 인생의 마지막 불꽃을 태우고, 후배들에게 기술을 전수하고 가르침을 주었으면 좋겠다.'는 바람을 전한다. 따라서 '집에서 손자나 돌볼 바에야 차라리 일하는 게 낫다.'든지 '연금을 받기 전까지만 용돈벌이라도 하고 싶다.'고 이야기하는 사람은 채용하지 않는다.

앞으로 다가올 시대에는 나이가 많든 적든 회사의 구성원이라면 누구나 끊임없이 지식과 기술을 쌓고 시대와 경영 환경 변화에 대응해야 한다. 그래서 우리 회사는 촉탁으로 고용된 직원 각자에게 과제 리스트를 전달하고, 능력과 공헌도 측면에서 면밀히 판단해 종합적으로 평가한다.

시니어 직원들은 건강 문제 때문에 어쩔 수 없이 회사를 쉬어야 하는 경우가 있다. 그래도 마음만은 '내 인생의 마지막 불꽃을 이곳에서 태우겠다.', '몸과 마음을 회사에 바치겠다.', '책임감을 가지고 일하겠다.'고 생각해주기를 기대한다.

'실력주의'는 기본, 눈에 보이지 않는 노력도 놓치지 않는다

눈에 보이지 않는 노력이 회사를 밝게 만든다

영업 보조직원인 시노즈카 미스즈는 출산 후 곧바로 복직했다. 그 후 엄마로서, 사무·영업 부문의 프로로서 일과 가사 모두를 훌륭하게 챙기고 있다.

"아이가 아직 어리다 보니 감기에 걸리거나 아프면 갑작스럽게 휴가를 낼 수밖에 없어요. 그럴 때면 동료들한테 좀 미안한 마음이 들어요. 하지만 우리 회사 사람들은 그런 상황을 많이 배려해주고 흔쾌히 받아들여줘요. 휴가를 내는 것에 대해서 동료들에게 손가락질 받거나 상사로부터 싫은 소리를 듣는다면 일을 계속하기 어려웠겠죠. 그렇지만 우리 회사에서는 그런 일이 전혀 없어요. 서로 걱정해주고 배려해주는 화기애애한 분위기입니다."

38세의 나이에 초산이었던 시노즈카는 출산 후에 복직이 두려웠다고 한다. 복직을 하고 싶긴 한데 몸도 힘들고 과연 일을 계속할 수 있을지 불안했다는 것이다. 그래도 그녀가 육아와 일이라는 두 마리 토끼를 모두 잡기로 마음먹은 것은 일본레이저가 그녀에게 '가족'이나 다름없었기 때문이다.

"집에 있는 것도, 회사에 있는 것도 모두가 제게는 일상이에요. 내 아이가 예쁘게 잘 자라주면 너무 기쁜 것처럼, 일본레이저의 직원들이 성장해가는 모습을 보면 흐뭇해요. 대졸 신입사원이 실적을 올리면 '아, 잘 자랐구나.' 하고 생각할 때도 있어요."

시노즈카가 하는 일은 영업 업무 지원이다. 직접 주문을 받지는 않는다. 그렇지만 그녀는 자신이 지원하는 영업 사원들이 실적을 올리면 자기 일처럼 즐거워한다. 자신의 실적으로 인정하지 않는데도 시노즈카가 그렇게 열심히 일하는 이유는 이타적인 성격 때문이기도 하겠지만, 그녀에게 일본레이저 직원들이 또 하나의 '가족'이기 때문이다. 나는 우리 회사의 분위기가 이처럼 가족적인 것은 시노즈카처럼 '남에게 도움이 되고 싶어 하는' 이타심을 가진 직원들이 많기 때문이라고 생각한다.

시노즈카는 입사한 지 20년이 되었다. 그런데 입사한 이래로 20년간 늘 화초에 물을 주고 있다. 내가 따로 부탁한 것도 아니고 그녀가 자발적으로 시작한 일이다. 화초를 기르는 것은 회사 입장에서 보면 규정된 '업무'도 아니다. 물을 줬다고 해서 성과 평가가 좋아지는 것도 아니고 월급이 오르는 것도 아니다. 그렇지만 그녀의 '눈에 보이지 않는 노력'과 그녀다운 마음 씀씀이는 회사 전체의 분위기를 밝게 만들어준다.

일본레이저는 가족적인 회사다. 그렇다고 해서 제멋대로 하게 내버려두거나 과잉보호를 하지는 않는다. 어디까지나 '실력주의'를 기본으로 하기 때문에 직원의 능력과 공헌도를 객관적으로 평가하고 있다. 직원 각자가 개성을 발휘하면서도 제각기 따로 놀지 않고 서로 협력하는 이유는 오직 경영 이념을 공유하고 있기 때문이라고 생각한다.

사람을 소중히 여기려면
반드시 이익을 내야 한다

해외 업체와 비즈니스를 한다는 것은 어떤 의미에서는 매우 험난한 세계에 발을 담근 것이라고 볼 수 있다. 일본레이저는 다른 중소기업에 비해 외부적인 요인에 의해 영향을 받기 쉽고 환율이나 국제 정세에 따라 적자가 나거나 심지어 도산할 위험도 높다. 이처럼 불안정한 비즈니스 환경에 놓여 있으면서도 우리 회사 직원들은 서로가 가족과 같은 일체감을 가지고 있다. MEBO를 단행하기 이전의 일본레이저를 기억하는 노나카 미유키 총무 과장은 "독립하기 전과 후에 직원들의 유대감이 확실히 달라졌다."고 이야기한다.

"일반적으로 주식투자를 할 때 '이 회사를 응원하고 싶다.'고 생각하기 마련이죠. 우리는 투자자이면서 투자한 회사의 직원이기도 하기 때문에 각자의 업무가 남의 일이 아니에요. 주식을 매입하고 모회사로부터 독립하면서 직원들 상호 간의 심정적 유대감이 강화된 것 같습니다."

분명히 MEBO는 조직 구성원들에게 일체감을 주는 요인 중 하나다. 그러나 MEBO를 추진하기만 하면 어떤 회사라도 구성원들이 일체감을 갖게 되는 것은 아니다.

우리 회사는 MEBO을 추진하기 이전부터 경영 이념을 확실히 공유하고 이해시키는 데 역점을 두었었다. 그러한 노력이 일체감을 형성하는 '토대'가 되었고, 탄탄히 다져졌다. '사람을 소중히 여기는 회사를 만들려면 반드시 이익을 내야 한다. 이익은 고용을 보장하기 위한 수단이기 때문이다. 이익을 내지 못하면 직원을 채용할 수도, 고용을 보장할 수도 없다.' 이와 같은 나의 생각을 이미 전 직원이 확실히 공유하고 있었기 때문에 MEBO도 성공적으로 추진할 수 있었던 것이다.

하이테크 기기를 다루는 사람들의
아날로그적 감성

시스템 기기부의 주임인 도미타 교헤이는 나고야 대학교 출신이다. 그가 대학원생이었을 때 우리 회사의 영업 담당자인 쓰루타 하야토는 나고야 대학교에 '나노 스크라이브'라는 레이저 인쇄 장치를 납품했다. 대학교 연구실에 기기를 납품하고 사용법을 알려주는 등 교류를 나누던 중에 쓰루타는 도미타를 알게 되었는데, 보면 볼수록 똑똑하고 훌륭한 성품을 가진 인재여서 우리 회사에 입사 추천을 하게 되었다. '나고야 대학교에 도미타라고 하는 우수한 대학원생이 있다.'는 쓰루타의 보고를 받은 나는 도미타를 직접 만나보기로 했다. 그때의 상황을 도미타는 이렇게 회상했다.

"당시 저는 아직 대학원생이었고 회사원으로서 일하는 모습이 머릿속에 잘 그려지지는 않았습니다. 그래도 쓰루타 씨와 이런저런 이야기를 나누다 보니 일본레이저에 입사하면 자유로운 분위기 속에서 일할 수 있을 것 같은 느낌이 들었어요. 그리고 쓰루타 씨가 '우리 회사에는 온순한 사람밖에 없다.'라고 말씀하시는 모습이 참 인상 깊었습니다."

레이저 기기와 같은 첨단기술을 다루는 회사와 '온순함'이라는 아날로그적인 감성이 잘 어울릴 것이라고 생각하는 사람은 별로 없을 것이다. 어쩌면 정반대의 것이라고 생각하기 쉽다. 하지만 일본레이저의 직원들은 가족처럼 다정하다. 영어를 기반으로 하이테크 기기와 최첨단 기술을 다루지만 직원들의 마음씨는 아날로그적이면서 온순하고 가족적이다. 이것이 일본레이저의 큰 특징이라고 이야기할 수 있다.

55명
전 직원이
주주이자
사원

합리적이고 투명한 인사, 평가 제도의 힘

part 3

아이를 낳고 키우면서
계속 일하는 게 당연한 회사

4가지 이유

일본에서 남녀고용기회균등법이 실시된 것은 1986년이다. 이 법은 직장에서 남녀평등을 확보하고 여성이 차별받지 않고 일할 수 있도록 지원하기 위해 제정됐다. 임신과 출산을 이유로 퇴직을 강요하거나 부당하게 전환배치(직원을 다른 부서로 이동시키는 일 – 옮긴이) 하지 못하도록 하고 있다.

그 당시에만 해도 일본에서 첫 임신과 출산을 이유로 퇴직한 여성 직원이 60% 이상이었다. 안타깝게도 이 비율은 현재까지도 크게 달라지지 않았다. 아이를 키우면서도 일을 계속하는 여성은 고작 3명 중 1명인 것이 현실이다.

한편, 우리 회사에서는 여성 직원이 첫 아이를 임신하고 출산하는 과정에서 퇴직하는 경우가 이제까지 단 1명도 없었다. 모두가 육아휴직 후에 복귀한다.

보통 직장에서 여성 직원이 활약하는 수준은 다음과 같이 3단계로 나눌 수 있다.

1단계 : 첫 아이를 임신·출산하고 그 이유로 퇴직히는 직원의 비율이 60%인 단계

2단계 : 아이를 낳고 키우면서도 회사를 그만두지 않고 계속해서 일을 하는 단계

3단계 : 여성 관리자의 비율이 30%, 여성 임원의 비율이 10%인 단계

우리 회사는 아직 여성 임원이 없기 때문에 '2.5단계'라고 말할 수 있다. 그렇다면 왜 일본레이저에서는 여성 직원들이 출산 후에도 회사를 그만두지 않고 멋지게 복귀할 수 있을까? 그 이유는 크게 4가지라고 생각한다.

첫째, 공정한 '평가 기준'이 있다.

둘째, 직원 각자의 사정에 맞게 '개별적으로 관리'한다.

셋째, '더블 어사인먼트Double assignment'와 '멀티 태스크 Multi-task' 제도를 도입했다.

넷째, 내부에 닮고 싶은 '롤 모델'이 있다.

각각의 항목을 좀 더 자세히 알아보겠다. 그중 첫 번째는, 공정한 '평가 기준'이 있다는 것이다. 일본레이저는 성별, 학력, 국적에 관계없이 전 직원에게 동등한 기회를 부여하고 있다. 사무직원을 해외로 출장 보내는 것도 하나의 예다. 그리고 직원이 성장한 정도에 따라 공평하고, 공정하게 평가한다. 성과를 낸 직원에게는 그에 상응하는 상여와 지위가 부여되는 구조다. 개인의 성과를 사보에 게재해 전 직원에게 공유한다.

성별, 학력, 국적을 따지지 않고 실력 중심으로 처우하면 직원 간에 연봉 차이도 크게 벌어지게 되지만, 인사, 성과 평가 제도를 투명하고 공정하게 운용하기 때문에 직원들도 납득할 수 있다. 여성 직원의 모티베이션도 높은 상태다. 여성 직원들은 결혼과 육아 등으로 인해 각자 업무 스타일이 다르다. 그러나 우리 회사에서 근무하는 직원으로서 모두가 평등하게 대접받는다. 나는 나이, 성별, 학력, 국적과 관계없이 우리 회사에서 일하는 모든 사람들에게 자아실현과 성장의 기회를 제공해주고 싶다. 일본레이저의 인사, 성과 평가 제도에 대해서는

182페이지부터 자세히 설명하겠다.

고용계약은
사람마다 다른 내용으로 체결한다

앞에서 말한 4가지 이유 중 두 번째는 직원 각자의 사정에 맞게 '개별적으로 관리한다.'는 것이다. 그 사람이 가진 역량을 최대한 활용하려면, 각자의 사정에 맞춰 개별적으로 관리할 필요가 있다. 그런 의미에서 일본레이저는 고용계약도 사람마다 다 다르다.

파트타임 직원(하루 4시간까지 근무), 촉탁계약 직원(하루 6~8시간까지 근무), 정직원(하루 8시간 근무) 등의 다양한 고용 형태가 있다. 주 3일은 재택근무로 7시간씩 근무하고, 주 2일은 회사에 출근해서 4시간씩 일한다는 식의 특별한 형태로 계약을 맺는 직원도 있다.

정직원은 육아, 병간호, 질병 치료 시 '단기간 근무제도'를 이용할 수 있다. 근무 시간을 하루 '6시간'까지 단축할 수 있는 제도다. 하지만 이 내용으로 계약을 체결하고 싶어 하는 여성 직원은 그다지 많지 않다. 왜냐하면, 일본레이저는 본래 야근이 많지 않은 회사이고, 야근수당은 15분 단위로 지급하지만 월평균 야근 시간을 '10시간 미만'으로 줄이는 것을 목표로 하고 있기 때문이다. 개별적으로 관리하는 이유는 '정해진 시간 내에 목표한 성과를 낸다면 출퇴근 시간이 다른 사람과 달라도 된다.'고 생각하기 때문이다.

　사람마다 퇴근 시간이 달라도 관리하는 데는 별 문제가 없다. 어린이집에 아이를 데리러 가야 하는 한 직원은 퇴근 시간을 오후 5시 15분(보통은 5시 30분)으로 앞당겼다. 대신 15분 일찍 출근하기로 했다. 그러나 다른 시간에 출퇴근하는 직원이 있다는 것을 다른 직원들이 알지 못하면 문제가 생길 소지가 있기 때문에 직원들에게 이런 사항을 반복해서 알린다.
　라이프스타일의 변화에 맞게 고용 형태를 바꿀 수도 있다. 파트타임 직원으로 근무하던 한 여성 직원은 육아 문제에서 어느 정도 자유로워진 후에 촉탁 직원으로 전환했다. 이런 경우가 드물지 않다.

성과를 낸다면 일하는 방식은
각자의 사정에 맞게

앞에서 소개한 노나카 미유키는 한 은행에서 시스템 엔지니어로 근무한 뒤 아이를 낳으면서 퇴직했다. 그 후 일본레이저에서 파트타임 사원으로 근무했다. 처음에는 하루에 4시간씩만 일했지만 아이가 자라서 긴 시간 동안 돌볼 필요가 없게 되자 하루 8시간 근무하는 촉탁 고용계약으로 전환했다. 토익 500점을 넘기면 정직원으로 전환할 수도 있지만 정직원 전환 여부는 자신이 선택할 수 있다. 노나카는 총무 과장이자 사장 비서로서 근무하고 있다.

또한 경리 과장인 나가노 마유미는 파견 사원으로 일하다가 정직원으로 전환됐다. 9년간 파견 사원으로 근무했는데, 우리 회사가 근무 시간을 조정하기 쉽고 휴가 사용이 자유롭다는 이유로 10년차가 되던 해에 과장급 정직원으로 고용계약을 변경했다.

안타깝게도 여전히 많은 여성 인재들이 육아 문제로 한번 직장을 그만두면 막상 재취업을 하려고 해도 시간적인 제약 때문에 정직원으로 복직하는 것이 어려운 상황이다. 그러나 파트타임 사원으로 입사한 뒤에 얼마든지 계약직이나 정직원으로 전환할 수 있는 기회를 열어준다면 각자의 상황이나 라이프스타일에 맞춰 경력을 계발해나갈 수 있다.

하나의 업무에
두 사람을 배정하는 이유

오로지 한 사람만 할 수 있는 일은
없어야 한다

우리 회사의 여성 직원들이 쉽게 복직할 수 있는 세 번째 이유
는 '더블 어사인먼트'와 '멀티 태스크' 제도 덕분이다. 이 2가지
제도를 시행함으로써 일과 육아라는 2마리 토끼를 모두 잡을
수 있도록 지원하고 있다. 간단히 설명하면 다음과 같다.

　- 더블 어사인먼트 : 2인 담당제, 거래처 한 곳당 담당자를
2명 배정하는 것
　- 멀티 태스크 : 한 사람이 복수의 업무와 거래처를 담당하
는 것

'더블 어사인먼트'는 하나의 업무에 두 사람을 배정하는 제도다. 출산이나 갑작스러운 질병으로 담당자 두 사람 중 한 사람이 출근하지 못하더라도 다른 사람이 대응하면 되기 때문에 거래처와 동료 직원들에게 피해를 줄 위험을 덜 수 있다.

더블 어사인먼트 제도는 2007년에 처음 도입했다. 당시 영업 사원이었던 팡 치안이 남편의 해외지사 발령 때문에 갑자기 해외로 떠나게 된 것이 계기가 됐다. 팡은 중국인이었는데 중국에서 대학을 졸업한 후 일본 국립대 대학원에서 석사학위를 취득했다. 졸업 후 일본에서 구직활동을 하다 우리 회사의 입사 면접을 볼 기회를 얻어 입사했다. 레이저 업계 전문지를 발행하는 회사의 사장이 소개해준 인재였다.

처음에는 영업 보조직원으로서 사내에서 업무를 익혔는데, 결혼한 후 얼마 지나지 않아 중대한 결정을 내려야 하는 상황을 맞이했다. 남편이 1년간 상하이 지사에서 근무를 하게 된 것이다. 당시 '회사를 그만두어야 할지' 고민했던 팡에게 나는 해외에서 재택근무를 해보면 어떻겠느냐고 제안했다. 이메일과 전화로 도쿄 본사와 거래처에 연락하는 일이었다. 재택근무 형태로 상하이에서 1년 동안 근무한 후에 팡은 무사히 도쿄 본사로 돌아왔다.

그런데 팡이 상하이에서 거주하는 동안 그녀가 담당했던 독일 업체의 제품 수주가 원활하게 돌아가지 않는 문제가 생겼다. 팡 혼자서 담당하던 거래처였는데 그녀 없이는 업무가 매끄럽게 진행되지 않았던 것이 원인이었다.

특정 직원에 대한 의존도가 지나치게 높아지는 경우, '이 사람 말고는 이 일에 대해서 아무도 모르는' 사태가 발생할 수 있다. 일을 혼자서 처리하다 보면 담당자에게 어떤 변고가 생겼을 때 거래처 관리를 비롯한 모든 일이 중단되고 만다. 그때 나는 더블 어사인먼트 제도를 도입하기로 했다.

영업부의 경우, 현재 남자 직원 1명과 여자 직원 1명이 한 팀을 이루어 둘 중 1명이 휴가를 가도 업무에 공백이나 지장이 생기지 않도록 하고 있다. 경리와 인사 업무는 더블 어사인먼트를 적용하기에는 다소 어려움이 있지만 업무 진행상황을 상사와 반드시 공유하도록 하고 있다. 관리 부장인 벳푸 마사미치는 내가 보스턴에서 미국 법인 총지배인 자리에 있을 때 주재원 인사관리와 결산업무를 담당하던 부하직원이었다. 관리부 여성 과장 2명이 모두 자리를 비울 때도 벳푸 부장이 상황을 다 알고 있기 때문에 업무를 차질 없이 진행할 수 있었다. 이처럼 더블 어사인먼트는 여성 직원들의 직장 생활을 지원하는 제도일 뿐만 아니라 회사 입장에서 위험에 대비하기 위한 방법이기도 하다.

업무부 판매촉진 그룹의 하시모토 과장은 더블 어사인먼트 제도 덕분에 여성 직원들이 더욱 활약하게 되었지만, 제도가 전부는 아니라고 이야기한다. 바로 남성 직원들이 여성 직원들을 공평하게 대하고자 했던 노력도 무시 못 할 이유라고 말한다. 사실 육아로 바쁜 여성 직원과 한 팀이 되면 남성 직원 입장에서는 아무래도 조금 부담스럽기 마련이다. 가끔씩 여성 직원의 편의를 봐줘야 할 때가 있는데, 그래도 매출은 둘이 똑같이 나눠가져야 하니까 남성 직원의 입장에서는 당연히 불만이 생기거나 저항감이 들 수밖에 없다.

그러나 우리 회사의 남성 직원들은 이에 대해 반발하거나 불만을 토로하지 않는다. 우리 직원들이 이렇게 서로를 배려하고 미워하지 않는 것은 모두 자기효능감을 바탕으로 자기조직화가 되어 있기 때문이라고 생각한다. 직원 대다수가 남과 비교하는 자체에 흥미가 없는 것 같다. 그들에게 중요한 것은 자신이 하고 싶은 일을 하는 것, 자신이 해야 할 일을 반드시 완수하는 것이다. 그리고 그렇게 해낼 수 있다는 자신감도 가지고 있다. 따라서 다른 사람에게 못되게 굴 필요가 없다.

성장 욕구와 헌신적인 마음이 있어야

멀티 태스크가 가능하다

그런데 거래처 한 곳에 담당자를 2명씩 배치하면 인건비도 2배로 늘어나는 것 아닐까? 당연히 그렇다. 수익은 똑같은 상황에서 더 많은 인력이 투입되면 적자가 날 수밖에 없다. 하지만 우리 회사는 이런 일이 벌어지지 않도록 하기 위해 '멀티 태스크' 제도를 함께 도입했다. 멀티 테스크 제도란, 직원 한 사람이 복수의 업무(거래처)를 담당하는 것이다.

영업부에는 5개 업체를 담당하는 직원도 있다. 사실 여러 업체의 제품, 어플리케이션, 시장에 대해 익히는 것이 말처럼 쉬운 일은 아니다. 예를 들어, 우리 회사에서 취급하는 광학기기 중에 비슷한 기능을 가진 제품이어도 독일 제품과 미국 제품은 기술과 시장 측면에서 서로 완전히 다르다. 품목이 달라지면 각각에 대해서 처음부터 새롭게 공부해야 한다. 업무의 특성이 이렇다 보니 여러 업체를 담당하려면 직원 개개인의 성장욕구와 타인을 위하는 헌신적인 마음이 뒷받침되어야 한다. 그래서 이를 성과 평가 항목에 포함시켰다.

한 사람이 여러 업체를 맡아 멀티 태스킹을 하려면 새로운 분야에 대해 익혀야 할 일이 많아지기 때문에 직원들에게는 아무래도 부담이 따른다. 그러나 결과적으로 담당한 업체의 매출 오르면 상여도 올라간다. 한편, 거래처를 한 곳만 담당할 경우 해당 업체가 도산하거나 거래가 끊기기라도 하면 자신의 일이 사라지게 된다. 이처럼 멀티 태스크는 직원의 자기 일 확보에 도 도움이 된다.

여성 직원에게는
더더욱 좋은 롤모델이 있어야 한다

자기만의 이야기를 가지고 있는 사람을 키워라

우리 회사에는 여성 직원들이 닮고 싶은 '롤모델'이 있다. 이것 역시 출산 후 원활하게 복직을 하게 만드는 중요한 요인이다.

롤모델이란 '자기만의 이야기를 가지고 있는 직원'을 말한다. 반드시 성과가 우수한 직원만을 의미하지는 않는다. '1가지에 뛰어난 직원', '모범이 되는 직원', '육아와 일을 병행하고 있는 직원', '장애를 안고서도 회사에 공헌하고 있는 직원' 또한 직원들에게는 롤모델이 될 수 있다. 일본레이저에서는 전 직원이 롤모델이자 회사의 대표다.

사장인 내가 "이렇게 해, 이런 사람이 돼야 해."라고 이야기하기보다는 '일본레이저의 이념을 몸소 실천한 직원', 즉 '롤모델'을 많이 양성하는 것이 사내에 활기를 불어넣는 데 더 큰 도움이 된다. 우리 회사에는 총무 과장인 노나카 미유키, 경리 과장인 나가노 마유미 외에도 여러 직원들이 여성 직원들에게 좋은 롤모델이 되고 있다.

영업 사무원으로 채용된 히라사와 아키는 당초 "결혼하면 퇴직하고 영어 공부를 해서 관광 통역사로 일하고 싶다."고 이야기한 적이 있다. 그랬던 그녀가 "영업 업무를 해보고 싶다."고 생각을 바꾸게 된 것은 앞에서 말한 팡이 활약하는 모습(172페이지 참조)을 본 후부터였다. 본인이 희망하는 대로 업무를 변경했지만 처음에는 실적이 그다지 좋지 않았다. 그러나 지금은 레이저 & 포토닉스 2부의 부과장으로서, 해외 업체도 인정하는 영업자가 되었다.

오사카 지사에서 근무하는 오쿠다 메이코는 '부단한 노력 끝에 목표를 달성한 본보기'로 여겨지는 인재다. 오쿠다는 헬로 워크를 통해 영업 사무원으로 입사했다. 입사 당시 토익 점수는 700점대였지만 엄청나게 열심히 공부해서 800점, 900점을 돌파하더니 최근에는 985점을 받았다. 토익 시험은 990점이 만점이니 거의 만점에 가까운 점수다. 그녀는 영어 실력뿐만 아니라 사람 됨됨이도 훌륭해서 동료 직원들과 거래처로부터 좋은 평가를 받고 있다. 여성 직원 중에서도 매우 빠른 속도로 과장으로 진급했고 '오쿠다를 지사장으로 임명해달라.'는 해외 업체의 요청을 받은 적도 있다.

30대에 전직한 하시모토 가즈요는 '육아에 전념하고 싶다.'고 해서 '재택근무'를 기본으로 하도록 했다. 단, 집에서만 근무하면 동료 직원들과 정보를 공유하는 것도 어렵고 일체감을 형성하기도 어렵기 때문에 '주 3일은 집에서, 주 2일은 회사에서' 근무하는 특수한 형태로 근로계약을 맺었다. 그러나 작은아이가 중학생이 되면서부터는 하루 7시간씩 회사에서 근무하는 정직원 과장이 되었고 매일 차로 1시간 거리에 있는 집에서 출퇴근하고 있다.

롤모델이 있으면
포기하지 않고 완주할 수 있다

업무부 구매 그룹에서 근무하는 구로히지 가오리는 "아이를 낳은 후에 회사를 그만두겠다는 생각을 해본 적이 없다."고 이야기한다.

"일본레이저에는 저보다 먼저 출산하고 복귀한 여성 직원이 이미 3명이나 있었어요. 만약에 단 1명도 없었다면 '복직하기 어렵겠구나.' 하고 생각했을지도 몰라요. 실제로 여성 선배들이 회사로 돌아와서 육아와 일을 모두 잘해내는 모습을 봐왔기 때문에, 출산 후에 복직하는 것을 당연한 절차로 생각했어요. 상사도 복직하는 것을 당연하게 여겼고요."

구로히지는 아이를 보육원에 보내려고 여러 모로 노력하다가 당초 예정한 시기보다도 두 달 늦게 복직하게 됐지만, 우리 회사는 그 사이에 파견 사원의 고용 기간을 늘리는 등 이런저런 조치를 취해 그녀를 배려했다.

"보육원을 찾느라 회사와 약속한 시기에 복귀하지 못했어요. 복직하는 데 차질이 생기는 것은 아닌지 노심초사했고 '이러다가 실직자가 되는 것 아닌가?' 하는 위기감마저 느꼈지요. 하지만 사장님과 그룹장님 모두 '보육원을 찾을 때까지 기다리겠다.'고 이야기해주었어요. 다시 회사로 돌아올 기회를 주신 두 분께 감사드립니다. '할 일이 있어서 정말 좋다.'고 요즘 들어 새삼 느끼고 있어요."

상사나 사장이 아무리 "공부해! 더 노력해!"라고 강요해봐야 별로 효과가 없다. 그보다는 실제로 현업에서 훌륭하게 활약하는 여성 선배 직원의 모습을 보여주는 것이 다른 여성 직원들에게 더 큰 영향을 미친다. 좋은 롤모델이 있으면 누가 관여하지 않아도 사내에 활기가 넘친다. 롤모델은 일본레이저의 귀중한 자산이다.

임금 격차가 큰데도
불만이 없는 진짜 이유

합리적이고 투명한 인사, 평가 제도를 구축하려면

우리 회사는 우수한 성과를 거둔 직원에게 업계 최고 수준의 급여와 상여를 지급한다. 성과가 좋지 않은 직원들과 비교하면 2배 이상 차이가 나는 경우도 있다. 그런데 이 정도로 급여 차이가 난다면 일부 직원들은 불만을 갖고 회사를 떠날 수도 있지 않을까?

우리 회사 직원들은 합리적이고 투명한 인사 및 성과 평가 제도 때문에 불만을 제기하지도, 회사를 떠나지도 않는다. 성과 평가 결과에 대해 직원들이 충분히 납득하기 때문이다.

일본레이저는 1993년 말에 채무초과 상태에 빠져 도산 직전의 상태가 되었고, 나는 이듬해 봄에 사장으로 취임했다. 취임 직후 나는 인사 제도와 임금 제도 전체를 근본적으로 뜯어 고쳤고 아직까지도 매년 개정하고 있다.

경영자란 영업에 일가견이 있거나, 탁월한 기술을 보유하고 있는 등, 자기 일에 뛰어난 사람이다. 그러나 나는 전자 현미경 에 대해서는 잘 알고 있지만 레이저만 놓고 보면 다른 직원들 에 비해 한참 모자라다.

그렇다면 내가 할 수 있는 일은 무엇일까? 나는 일본전자 시절에 축적한 '노무' 관련 경험을 토대로 인사 제도와 성과 평 가 제도를 적극적으로 개선했다. 인사, 성과 평가 제도는 직원 의 동기부여와 직결되어 있기 때문이다. 우리 회사의 평가 제 도의 기본이 되는 사상은 다음과 같은 3가지다.

첫째 능력주의 − 전 직원들에게 요구되는 기본적인 능력과 직종별로 필요한 실무능력을 평가한다.

둘째 업적주의 − '눈에 보이는 성과'와 '눈에 보이지 않는 공 헌도'를 평가한다.

셋째 이념주의 − 회사의 가치관을 얼마나 구체적으로 실천 했는지, 우리 회사의 인재로서 적합한지를 평가한다.

_ 가족 수당과 주택 수당을 폐지하고 능력에 따른 수당을 지급한다

능력주의 측면에서는 업무에 필요한 '실무 능력'과 '기초 능력'
을 평가한다. 부양가족과 자기 집이 있으면 자동으로 지급되었
던 '가족 수당'과 '주택 수당'은, 조건에 해당되지 않는 직원들에
게는 불공평한 혜택이기 때문에 폐지했다. 한편, 본인의 능력
에 따라 수당을 지급했다. 단, 평가 점수가 낮다는 이유로 급여
삭감이나 직급 강등은 하지 않았다.

우리 회사에서 평가하는 능력은 실무 능력과 기초 능력 2가
지다. 실무 능력은 상품에 대한 지식 수준, 경리업무 처리 능
력, 제품 수리 능력 등 업무 분야에 따라 요구되는 능력이다.
기초 능력은 영어 구사능력, 컴퓨터/IT 활용 능력, 대인對人 대
응능력 등이 있다. 3가지 기초 능력을 조금 더 자세히 설명하자
면 다음과 같다.

첫째, 영어를 활용한 정보수집 능력

토익 점수로 평가한다. 하지만 한 번 높은 점수를 얻었다
고 해서 안심할 수는 없다. 800점 이상인 직원은 2년에 한 번,
800점 미만인 직원은 매년 시험을 보도록 의무화하고 있고 점
수에 따라 수당을 차등 지급한다. 정해진 기간 내에 시험을 보

지 않으면 자동으로 한 단계 내려간다. 응시료는 1년에 3회까지 회사가 부담한다.

둘째, 컴퓨터/IT 활용 능력

컴퓨터와 정보기술을 활용하는 능력과 실적을 임원 회의에서 평가한다.

셋째, 대인 대응능력

대인 대응능력을 단순히 '성격'으로 보지 않고 사내 문화 형성에 공헌하는 능력으로 평가한다. '이 사람을 통해 제품을 구입하고 싶다.'거나 '이 사람과 함께 일하고 싶다.'고 생각하게 만드는 것도 중요한 대인 능력이다.

앞에서도 말했지만, 우리 회사에서는 상대에게 좋은 느낌을 주는 미소를 '성격'이 아닌 관계를 발전시킬 수 있는 '능력'으로 정의하기 때문에 그에 따른 수당을 지급할 이유는 분명하다.

업적주의

_ 매출 총이익의 3%를 담당자들에게 나눠준다

업적주의 측면에서는 '눈에 보이는 성과'와 '눈에 보이지 않는 공헌도'를 평가한다. 눈에 보이는 성과란, 영업 수주액과 매출 총이익과 같은 숫자로 표현할 수 있는 성과를 말한다. 눈에 보이지 않는 공헌도란, 숫자로 나타나는 성과를 만들어내기 위해 쏟은 노력과 협력의 정도를 의미한다.

업적주의의 전형적인 예가 '성과 상여'다. 우리 회사는 매출 총이익의 3%를 성과 상여로 지급한다. 매출액을 기준으로 하지 않는 이유는, 매출액을 부풀리기 위해 무리해서 제품가격을 할인할 가능성을 미연에 방지하기 위해서다.

성과 상여는 영업 사원과 기술 엔지니어가 나눠 갖는다. 수주를 하고 매출을 올리는 것은 영업 사원이지만, 이는 어디까지나 기술 엔지니어가 제품 시연, 기술 설명, 납품, 사후 관리를 통해 영업팀을 지원하기 때문에 가능한 일이기 때문이다. 즉, 제품 판매에 기여한 담당자들이 매출 총이익의 3%를 나눠가지는 것이다. 매출 총이익의 3분의 2를 영업 사원이 갖고, 나머지 3분의 1을 기술 엔지니어가 갖는 것이 일반적이지만, 경우에 따라 제품 시연부터 납품, 사후 관리까지 기술 엔지니어가 담당한 경우에는 50%씩 나누기도 한다. 또한 여러 명의 영업 사원이 서로 협력하여 실적을 올린 경우에는 기여도에 따라 그들끼리 나누기도 한다.

우리 회사는 매년 7,000건 이상의 주문을 수주하지만 성과 분배 때문에 문제가 생긴 적은 단 한 번도 없다. 이렇게 하면 직접 수주를 하지 않은 기술 엔지니어에게도 인센티브가 지급되기 때문에 이들도 수주 활동에 기여하려고 노력하게 된다. 영업 사원들은 '기술 엔지니어 덕분에 수주할 수 있다.'고 생각하고, 기술 엔지니어들 또한 '영업 사원 덕분에 수주할 수 있다.'고 생각한다. 이렇게 협력적인 기업 문화가 형성될 수 있었던 것은, 회사가 숫자로 나타나지 않는 공헌도에도 지속적으로 관심을 가져왔기 때문이다.

이념주의
_ '종합평가표'를 통해 경영 이념 실천 수준을 평가한다

우리 회사는 매년 두 차례, 회사의 경영 이념에 대한 이해도와 실천 정도를 평가한다. 이념주의 측면에서는 영업·기술·업무 지원 분야의 일반 사원과 간부 사원을 각각 3개 항목을 통해 평가한다. 2017년부터 전체 30개 항목, 총 300점으로 구성된 '종합평가표'를 적용하기 시작했다. 자격이나 직종과 무관하게 전 직원을 대상으로 평가하는 내용은 이념 실천도, 일하는 방식, 전사 결속, 도구로서의 영어 구사능력 등 총 4가지 분야다. 여기에 직종별 간부·일반 사원을 평가하는 3개 항목이 추가된다.

191페이지의 '종합평가표'는 각각 10점 만점이며 10점, 7점, 4점, 1점 등 4단계로 평가한다. 이는 직원 본인과 상사가 각각 평가한다.

평가에는 자기 평가, 상사 평가, 임원 평가가 있다. 임원이 평가를 할 때는 '전 임원이 전 직원의 모든 항목에 대해 평가하는 것'을 원칙으로 한다. 그런 다음 임원 간 합의를 통해 평가 등급을 최종 결정한다.

예를 들어 임원 5명이 '사원 A'에 대해 평가할 때, 모두가 동일하게 평가해 같은 점수가 나왔다면 그것으로 끝이다. 그러나 평가 결과가 서로 다른 경우에는 다수결로 결정하지 않고 전체 임원이 서로 이야기를 나누면서 점수를 최종적으로 결정한다. 평가 항목은 '30개'이고 직원은 55명이다. 전체를 평가하려면 시간이 많이 걸릴 수밖에 없다. 예전에는 종합평가 결과를 확정하기 위해 임원들이 1박 2일 동안 합숙을 하면서 밤늦게까지 이야기를 나눴다.

그러나 10년 이상 이 평가를 반복하는 과정에서 각기 달랐던 임원들의 관점이 어느 정도 합일점을 찾았고, 그 결과 요즘에는 반나절 정도면 전 직원에 대한 평가를 끝낼 수 있다. 평가 후에는 반드시 담당 임원이 당사자와 30~40분간 면담을 하면서 평가 결과에 대해 직접 설명한다.

회사의 평가 점수가 본인의 평가 점수보다 낮게 나오더라도 임원이 '왜 이런 결과가 나왔는지', '어떤 부분을 어떻게 바꿔나가면 앞으로 좋은 평가를 받을 수 있을지'를 명확히 설명하면 당사자도 충분히 납득할 수 있다. 따라서 직원들은 좋은 점수를 받지 못하더라도 그것 때문에 회사를 그만두지 않는다.

시스템 기기부 주임인 도미타 교헤이는 "우리 회사는 특이하게도 상사 평가(상사가 본인에 대해 평가한 결과)가 본인 평가(직원이 본인에 대해 평가한 결과)와 동일한 수준이거나 더 높다."고 이야기한다. 나도 일본전자 재직 시절에 경험한 바 있지만, 상사 평가는 대부분 본인 평가와 일치하지 않는다. 일반적으로 상사 평가는 본인 평가의 '70%' 수준으로, 본인이 100점을 줬다면 상사는 70점을 주는 정도다. 상사가 본인보다 더 좋은 점수를 주는 경우는 거의 없다고 해도 과언이 아니다. 그러나 우리 회사는 다르다. 상사 평가가 본인 평가와 일치하거나 오히려 점수가 더 높다.

그 이유가 무엇일까? 한마디로 이야기하자면 직원 모두가 매일 크레도를 제창하기 때문이라고 할 수 있다. 크레도에는 '일하는 방식의 기본, 바람직한 자세, 이념을 실현하는 직원의 조건' 등이 구체적으로 서술되어 있기 때문에, 이를 통해 전 직원이 어떻게 일해야 좋은 점수를 받게 되는지를 이해할 수 있다. 크레도를 근거로 자기 자신과 부하직원을 평가하기 때문에 평가 결과가 서로 크게 달라지는 일이 없다.

종합평가 체크리스트							
평가 기간 : 년 월 ~ 년 월			이름 :			고과등급	
분야	No.	A : 10점(매우 우수함) B : 7점(충분함) C : 4점(조금 더 노력해야 함) D : 1점(개선이 필요함)	자기 평가		상사 평가	임원 평가	
이념 실천도	1	항상 밝은 얼굴로 사람들을 대한다.					
	2	항상 예의 바르게 말하고 감사하는 마음을 표현한다.					
	3	일을 통해 성장하려고 노력한다.					
	4	자신뿐만 아니라 주변 사람들을 위해서 일한다.					
	5	문제가 발생했을 때 자신에게 원인이 있다고 생각하며, 다른 사람을 탓하지 않고 문제를 해결하기 위해 노력한다.					
일하는 방식	6	회사가 원하는 것에 몰입하고 목표를 달성한다.					
	7	어떤 일이라도 자세히 살펴보고, 상세히 전달하며, 세심히 듣고, 철저히 확인한다.					
	8	항상 따뜻하고 상대를 배려하는 표현을 사용하며 주위 사람들을 챙긴다.					
	9	항상 주변 사람을 중심으로 생각하고 행동한다.					
	10	팀에 도움이 되는 정보를 수집하고 전달한다.					
	11	주변 상황을 확인하면서 유연하게 대처한다.					
	12	전문 분야에 대해 깊이 연구한다.					
	13	어떤 일에 대해서든 끈기 있고 인내심 있게 연구한다.					
	14	정리 · 정돈 · 청소 · 청결 · 예의를 생활화한다.					
	15	시간 관리를 철저히 하고 우선순위를 고려하여 행동한다.					
	16	보고 · 연락 · 의논 · 확인을 철저히 한다.					
	17	위기의식을 가지고 문제를 미연에 방지하기 위해 노력한다.					
	18	적극적으로 행동하고 긍정적인 표현을 사용한다.					
	19	속도감을 가지고 신속하게 행동한다.					
	20	다른 사람에게 의존하지 않고 자기 힘으로 완수하겠다는 의지를 보여준다.					

전사 결속	21	심신의 건강을 유지·향상시키기 위해 노력한다.					
	22	소속 팀의 성과를 가장 중요하게 생각한다.					
	23	조직 전체에 도움이 되는 방향으로 업무를 추진한다.					
	24	상사 또는 경영진과 이견이 있는 경우에는 망설임 없이 자신의 생각을 이야기한다.					
	25	경영이념·경영진의 방침을 확실히 인식하고 행동한다.					
도구로서의 영어 구사 능력	26	정보수집 능력을 제고하기 위해 독해와 청해 능력을 향상시킨다(토익 시험).					
	27	표현력을 제고하기 위해 말하기Speaking와 쓰기Writing 능력을 향상시킨다(토익 시험).					

※No. 28~30은 개인 직책에 해당하는 내용을 평가

영업 (간부)	28	자신과 담당 부서의 수주·매출 총이익을 확대한다.					
	29	주변 사람들의 모범이 되고, 동시에 담당 부서의 부하직원들을 잘 지도한다.					
	30	타 부서와 연계·협조하기 위해 노력하고 회사의 이익을 우선으로 생각한다.					
영업 (일반)	28	수주액·매출 총이익을 확대한다.					
	29	국내외 광학, 레이저 기술·제품·응용 분야에 대한 지식을 쌓는다.					
	30	고객과 시장 개척을 위해 항상 노력하고, 주위에 응원해주는 사람을 늘어나도록 힘쓴다.					
기술 (간부)	28	영업 활동을 위한 기술 지원 업무가 원활히 이루어지도록 관리한다.					
	29	주변 사람들의 모범이 되고, 동시에 담당 부서의 부하직원들을 잘 지도한다.					
	30	타 부서와 연계·협조하기 위해 노력하고 회사의 이익을 우선으로 생각한다.					
기술 (일반)	28	납품·수리·장비 시연 측면에서의 기술력을 향상시킨다.					
	29	국내외의 신규 사업과 신제품에 대한 기술을 습득하기 위해 노력한다.					
	30	수주 활동을 하는 영업 사원들에게 기술 측면에서 지원한다.					

업무 지원 (간부)	28	영업 사원과 기술 엔지니어에 대한 지원 업무가 원활히 이루어지도록 관리한다.					
	29	주변 사람들의 모범이 됨과 동시에 담당 부서의 부하직원들을 잘 지도한다.					
	30	타 부서와 연계·협조하기 위해 노력하고 회사의 이익을 우선으로 생각한다.					
업무 지원 (일반)	28	영업 사원과 기술 엔지니어를 철저히 지원한다.					
	29	현재 상황에 만족하지 않고 항상 의식을 개혁하고 업무를 개선한다.					
	30	회사 분위기를 밝게 조성하기 위해 노력한다.					

합계   합계   합계

온정이 넘치는
성과주의가
과연 현실에서
가능할까?

말도 안 되게 사람을 귀하게 여기는 경영은
지속성장의 보증수표

part 4

회사가 잘되는 데는 이유가 없지만
망하는 데는 반드시 이유가 있다

직원이 성장하려면
사장이 먼저 달라져야 한다

회사가 성장하려면 직원이 성장해야 한다. 직원이 성장하려면 어떻게 해야 할까? 직원 자신의 의지와 각오도 중요하겠지만, 먼저 사장부터 달라져야 한다. 사장이 달라지지 않은 이상, 직원도 기업 문화도 절대로 바뀌지 않는다. 사장이 달라져야 직원도 달라지고, 직원이 달라져야 회사도 발전하는 것이다.

　나는 얼마 전 아내에게 이런 이야기를 했다.

　"23년 동안 일본레이저가 예전에 비해 확실히 달라지기는 했는데, 그중에서 무엇이 가장 크게 달라졌는지 곰곰이 생각해보니 바로 나인 것 같더라고."

그랬더니 아내 역시 웃으며 이렇게 대답하는 게 아닌가.

"맞아요. 당신이 노조 위원장이었을 때에는 방약무인(아무 거리낌 없이 함부로 말하고 행동하는 것 – 옮긴이)한 데다 정말 끔찍이도 밉상이었으니까요."

직원의 성장이 곧 회사의 성장인 것은 틀림없지만, 그보다 먼저 사장 자신이 성장하지 않으면 회사는 절대로 달라지지 않는다.

좋은 결과는 불가사의한 것, 나쁜 결과는 당연한 것

나의 외조부모님께서 잠들어 계시는 사찰인 혼류지本立寺 정문에는 이런 말이 새겨져 있다.

'좋은 결과는 불가사의하게, 나쁜 결과는 당연하게 여겨라.'

주지 스님에게 그 뜻을 여쭤보니, '일이 잘 풀리는 것은 불가사의한 현상이라 그 이유를 딱히 설명할 방법이 없지만, 일이 잘 풀리지 않는 것은 반드시 그 이유가 있다.'는 의미라고 설명하셨다.

프로야구 감독을 지낸 노무라 가쓰야가 남긴 명언인 '승리에는 불가사의한 승리 있되, 패배에는 불가사의한 패배 없네.'

와 의미가 같다. 이 말은 에도시대 다이묘였던 마쓰우라 기요시의 검술서 《검담劍談》에서 인용한 말이라고 한다.

기업을 다시 일으키는 일은 '운'의 영향을 크게 받는다. 그야말로 '승리에는 불가사의함이 있는' 것이다. 능력, 노력, 성과에 따른 보상 제도를 도입하고 직원을 교육하며 신규 거래처와 상품을 개발하는 등 모든 노력을 기울인다고 해도 반드시 재건에 성공하리라고 장담할 수는 없다.

한편, 기업이 무너지는 데에는 반드시 이유가 있다. '패배에는 불가사의함이 없는' 것이다. 경영 위기가 초래되는 이유는 크게 5가지다.

첫째, 경영 환경 변화에 제대로 대응하지 못했기 때문에

둘째, 고객이 감소하고 수주가 계속해서 부진했기 때문에

셋째, 내부에 긴장감이 없고 정보가 원활하게 공유되지 않기 때문에

넷째, 문제가 생겼을 때 대책 수립을 게을리 했기 때문에

다섯째, 사업 부진의 원인을 외부 환경 탓으로 돌렸기 때문에

이중에서 특히 유의해야 하는 것이 다섯째 사업 부진의 원

인을 외부 환경 탓으로 돌렸기 때문이라는 이유다.

　사장은 생각하지도 못했던 사태를 경험해도 결코 '외부 환경' 탓으로 돌려서는 안 된다. 회사의 경영 실적이 좋지 않다면 그것은 시장 경기, 거래처, 정치, 행정, 국제 정세 때문이 아니라 사장 자신의 탓으로 돌려야 한다. 문제는 오로지 '내 안'에 있다.

환율 변동이 내 잘못은 아니지만
문제 해결은 내 몫이다

예컨대, 환율 변동은 우리 회사처럼 수입을 전문으로 하는 업체의 경영 실적에 언제나 영향을 준다. 엔화의 가치가 떨어지면 해외의 제품을 사오는 비용이 증가한다. 일본레이저의 해외 조달 규모는 매년 약 2,000만 달러에 달한다. 2012년에는 평균 '1달러당 약 80엔'의 환율로 송금했기 때문에 엔화로 계산하면 약 16억 엔으로 조달할 수 있었다. 그러나 2013년에는 '1달러당 약 100엔'으로 엔화의 가치가 떨어지면서 약 20억 엔을 송금해야 했다. 결국 '4억 엔' 정도 비용이 증가한 것이다.

　당시 기준으로 직전 3년간 평균 경상이익은 약 3억 엔이었기 때문에 그 어떤 대책도 세우지 않고 '환율이 변동한 것은 내 잘못이 아니잖아.'라며 외부 환경을 탓했더라면 적자를 면하기 어려웠을 것이다. 우리 회사가 엔화의 가치가 떨어져도 계속해서 흑자 경영을 할 수 있었던 것은, 문제의 원인을 회사 밖에서 찾지 않았기 때문이다. 우리는 '엔저는 어쩔 수 없는 일이다. 그렇다면 지금 우리 회사가 할 수 있는 일은 무엇일까? 어떻게 대응해야 할까?'를 끊임없이 묻고 고민하면서 우리가 직접 풀어야 할 과제를 정의해나갔다.

그리고 대책을 강구해 직원들에게 양해를 구하고 실행했다. 가령, 레이저 이외의 신규 사업(정전형 센서)을 개발했고, 신규 공급 업체를 발굴했으며, 보너스와 수당의 일부를 줄이고 사원 여행을 잠정적으로 중단하는 등의 경비절감을 시행했다. 물론 사원 여행은 상황이 나아진 2014년부터 다시 부활시켰다. 이렇게 우리 내부에서 할 수 있는 모든 대책을 강구해 실행한 결과 한 해도 적자를 내지 않고 23년 연속 흑자를 달성할 수 있었다.

솔직히 말하면 경영 환경은 점점 더 악화되는 상황이었다. 2015년에는 엔화의 가치가 '1달러당 121엔'으로 좀 더 하락했지만, 그럴수록 전 직원이 똘똘 뭉쳐 더욱 치열하게 노력하여 적자를 면했다.

또한 레이저 업계에서는 인수합병이 빈번하게 일어나기 때문에 협력 업체가 어느 날 갑자기 계약해지를 통보하는 일도 비일비재했다. 해외 공급 업체가 별도로 일본 법인을 설립하기라도 하면 우리 회사는 순식간에 거래처를 잃게 된다. 그렇다고 해서 이런 일을 겪을 때마다 '상대방의 상황 때문에 벌어지는 일이니 어쩔 수 없어.'라거나 '불경기라서 어쩔 수 없어.'라고 결론지으면 연속 흑자는 달성할 수 없다.

앞에서 말했듯이, 좋은 결과는 불가사의한 것이고 나쁜 결과는 당연한 것이다. 나쁜 일은 당연하게 수시로 일어나니 철저히 대비를 해야 한다. 우리 회사는 벤처 업체에 대한 지분 투자, 자사 제품 개발 시 해외 공급 업체 부품 적용, 거래처와 좀 더 끈끈한 인간관계 구축, 기술 서비스 차별화 등의 노력을 통해 다양한 비즈니스 리스크에 항상 대비하고 있다.

우리 회사는 고객이 감소하는 현상에 대해서도 '우리가 그만큼 준비가 덜되어 있기 때문이 아닐까?' 하고 원인을 내부에서 찾는다. 그리고 문제를 해결하기 위해 부단히 노력하기 때문에 그 어떤 역경에도 굴하지 않는 강한 회사가 될 수 있었다고 생각한다.

적자가 나느냐 나지 않느냐는 사장이 시장 상황을 어떻게 인식하느냐에 달렸다. 엔고라서 사업이 안 된다, 중국에서 저

렴한 제품을 쏟아져 나오니 사업을 할 수가 없다, 정부의 정책
이 형편없어서 사업하기 힘들다, 거래처가 자꾸 단가를 깎으
니 못 해 먹겠다는 식으로 경영자가 남 탓으로 돌리는 시점부
터 회사는 적자 모드로 전락한다. 뿐만 아니라 사장이 남 탓을
하기 시작하면 직원들도 사장이 잘못했으니까, 상사가 잘못했
으니까, 거래처 담당자에게 문제가 있으니까… 등등 환경 탓을
하게 된다. 그렇게 되면 새로운 도전을 하거나 내부의 역량을
키우려는 노력을 하지 않게 된다.

경영진에게 가장 필요한 것은 모든 잘못이 자기 책임이
라고 생각하는 습관을 기르는 것이다. 문제가 자신에게 있다
고 판단하는 순간, 우리는 자신을 돌아보고, 우리가 챙겨야
할 직원들을 돌아보고, 내부의 상황을 좀 더 면밀히 관찰해
내공을 다질 수 있다. 책임을 외부로 돌릴 때보다 훨씬 더
주도면밀한 관리가 가능해진다.

득실을 꼭 따져서
선택해야 하나?

총명하게, 그리고 선량하게

1956년, 내가 중학교에 입학했을 때 교장으로 취임한 지 얼마 안 된 미네무라 데루오 선생님은 입학식에서 이렇게 말씀하셨다.

"미래를 이끌어갈 리더인 여러분은 총명하되 선량하게 살아 가길 바랍니다."

당시에는 무슨 말씀을 하시는 것인지 잘 몰랐지만 이제는 이해할 수 있다. 어떤 결정을 내리거나 상황을 판단할 때, 옳은 일인지 아닌지를 기준으로 삼으라는 것. 이 메시지는 내 인생의 근간이 되었고 인생에서 만나는 모든 결정의 순간에 이것이 얼마나 중요한지를 깨달아가고 있다. 인생도 비즈니스도 결국은 선택의 연속이다. 선택하기 전에 기회와 위협, 리스크와 가능성을 냉정하게 판단해야만 한다. 선택은 첫째가 위치 확인이고 둘째가 의사결정의 순서로 진행한다.

의사결정을 하기 전에 우선 자신 혹은 자사의 위치를 확인해야 한다. 위치는 '시간축'과 '공간축'으로 나타낼 수 있다. 역사적으로 볼 때 지금이 어떤 상황인지(시간축), 업계 내에서 또는 글로벌화가 진행되는 과정에서 우리 회사는 어떤 위치에 있는지(공간축) 등, '자신의 위치'를 정확히 확인할 필요가 있다. 자신의 위치를 제대로 알기 위해서는 상황을 정확히 판단할 수 있는 '총명함'이 필요하다.

의사결정을 할 때는 '옳은지, 옳지 않은지'를 판별할 수 있는 '선량함'이 필요하다. 인간은 늘 자신에게 '손해인지, 이득인지'를 기준으로 의사결정을 하곤 한다. 즉 내 삶에 플러스가 되도록, 예컨대 더 안전한 쪽으로, 돈을 더 많이 버는 쪽으로, 인기를 더 얻을 수 있는 쪽으로 결정한다. 그러나 '득이 될 것'이라고 예측해서 내린 결정이 결국 옳지 않은 판단이었던 것으로 결론이 나는 경우가 있다. 반대로 '나에게 손해'라고 생각하고 내린 결정이 옳은 판단이었던 것으로 결론 나기도 한다.

나는 '득이 되는 선택보다 실이 되는 선택을 하는 편이 더 나은 결과를 낳는다.'는 것을 실감했던 적이 지금까지 세 번 있었다. 첫 번째는 일본레이저 주식을 개인적으로 매입했을 때, 두 번째는 모회사인 일본전자 임원직을 그만두었을 때, 세 번째는 MEBO를 통해 모회사로부터 독립했을 때였다.

세 번 모두 나에게 당장 득이 되지는 않는 선택이었지만 결과적으로 더 나은 선택이었다.

일본레이저 주식을 개인적으로 매입했을 때

1994년, 내가 일본레이저로 파견되었을 때의 일이다. 당시 일본레이저는 주거래 은행도 외면할 정도로 상황이 나빴다. 당시 일본레이저의 주식은 일본전자가 70%, 채무초과의 책임을 지고 물러난 회장과 사장이 10%, 직원 개인이 20%를 각각 보유하고 있었다.

회장과 사장이 보유하고 있던 10%를 일본전자가 매입하게 할 수도 있었지만, 나는 그렇게 하지 않았다. 내가 개인적으로 매입하기로 결정했다. 왜냐하면 모회사가 주식을 사들이면 내가 일본레이저에서 리더십을 제대로 발휘할 수 없을 것이라고 판단했기 때문이었다. 안 그래도 당시 직원들은 '곤도 사장은 역시 모회사가 내려 보낸 낙하산이었구나.', '어차피 본사로 돌아갈 테니 위험 부담이 큰 일은 하지 않겠지.' 하는 식으로 의심

했고 그러다 보니 일에 대한 의욕이나 열정, 책임감도 낮았다.

　나는 일본전자의 뜻에 따라 파견됐기 때문에, 개인적으로 주식을 매입해야 할 의무는 없었다. 그러나 사장의 진심을 보여주기 위해 굳이 매입하지 않아도 될 주식을 사들이기로 했다. 그렇다면 얼마에 매입했을까? 1주당 액면가는 '500엔'이었지만 비상장 주식인 데다 채무초과 상태였기 때문에 100엔에 구입할 수도 있었다. 그러나 낮은 가격에 매입하면 '곤도 사장은 주식으로 크게 재미 봤다.'고 비난받을지도 모르기 때문에, 나는 다른 주주들과 마찬가지로 '500엔'에 매입했다. 당시 내 개인 돈이 300만 엔 들었다.

　경영이 정상화되지 못할 경우 개인적으로 매입한 주식은 모두 휴지조각이 되어버릴 '위험'이 있었다. 하지만 한편으로는 '곤도 사장은 모회사 임원인데도 자기 돈으로 일본레이저 주식을 매입하다니, 회사를 다시 일으키겠다는 말이 진심에서 우러나온 이야기였나 보다.' 하면서 직원들이 내 편이 되어줄 '가능성'도 있었다.

　득실로만 따져보자면 분명 '손해 보는 판단'이었지만 결과적으로는 옳았다. 회사를 재건하는 작업에 탄력이 붙었기 때문이다. 2007년 MEBO를 추진할 때 개인 주주가 보유한 주식을 얼

마에 매입할 것인지를 결정해야 했는데, 30%를 배당했기 때문
에 매입가는 액면가의 3배로 뛰었다. 결국 300만 엔에 매입한
주식이 3배인 900만 엔으로 가치가 오른 것이다. 손해라는 것
을 알면서도 매입한 주식이 결과적으로 돈을 벌어다주었다.

일본전자 임원직을 그만두고 일본레이저에 올인했을 때

사장 취임 1년차에 일본레이지는 흑자로 전환할 수 있었지
만, 그렇다고 해도 직원들 사이에 팽배했던 나에 대한 반발과
의구심이 사라진 것은 아니었다. '곤도 사장은 이 회사에서 실
적을 올려 본사의 인정을 받은 뒤, 궁극적으로는 본사 사장이
되려고 한다.'라는 소문이 끊이지 않았다. 내가 본사 임원직을
겸하고 있는 이상 직원들의 모티베이션과 충성심이 올라갈 리
가 없었다.

일본전자에서 쌓은 나의 커리어와 일본레이저를 다시 정상
화시켜야 하는 당면 과제 사이에서 갈등이 깊어졌다. 나는 고
민 끝에 1995년 6월에 열린 주주총회를 기점으로 6년간 역임
했던 일본전자 임원직에서 물러났다. 사실 일본전자에서 높은
자리까지 올라가는 것을 목표로 했던 내가 '중소기업(일본레이
저)의 사장으로서 업무에 매진한다.'는 것은 일견 손해 보는 선
택이었다.

그러나 '손해인지 이득인지'가 아닌 '올바른 선택'을 했기 때문에 결과적으로 운을 내 편으로 만들 수 있었던 것 같다. 마침 1995년 4월에 1달러당 79엔 75전이라는 엄청난 엔고 현상으로 인해 수입 업계에 순풍이 풀었다. 당시 우리 회사 제품 중에 2억 엔을 호가하는 '광디스크 마스터링 시스템'이라는 것이 있었는데 이것을 수주하여 매출이 급증했다. 덕분에 사장 취임 2년차에는 누적 적자를 완전히 해소했고, 주주들에게 배당을 다시 지급할 수 있게 됐다.

MEBO를 통해 일본전자로부터 독립했을 때

2007년, 일본레이저는 MEBO를 통해 모회사로부터 성공적으로 독립했다. 독립하기로 결정한 경위는 몇 가지가 있지만, 주요 이유는 다음과 같다. 독립의 발단이 된 5가지 사건이라고 볼 수 있다.

첫째, 일본레이저가 흑자 전환을 하자마자 모회사는 30%에서 50%로 배당액 증액을 요구했다.

둘째, 일본레이저 출신의 간부가 승진하거나 임원으로 발탁되는 데 한계가 있었다.

셋째, 환선물거래(환율이 변동함에 따른 위험을 피하기 위한 거래)

를 할 때 일본전자의 승인이 필요했기 때문에 신속하게 의사결정을 할 수 없었다.

넷째, 흑자로 전환한 것을 자축하고 직원들을 독려하기 위해 10년 만에 오키나와로 사원 여행을 떠나려고 했지만 일본전자 사장은 크게 화를 내며 시말서를 요구했다.

다섯 째, 일본레이저는 '일본전자 라이오소닉 주식회사(레이저 현미경 제조업체)'의 지분을 40%나 가지고 있었지만, 경영에 전혀 관여하지 못했고 모든 완성품을 일본전자가 판매했다. 또한 일본전자 라이오소닉이 파산한 뒤에는 출자금 1,200만 엔을 전혀 돌려받지 못했다.

이와 같은 사건을 겪고 보니, 일본레이저가 공중분해되지 않고 살아남기 위해서는 모회사로부터의 독립이 절실했다. 또한 직원들의 모티베이션을 끌어올리고 주인의식을 제고하기 위해서는 모두가 주주가 될 수 있는 구조를 만들어야 했다.

득일까 실일까를 따진다면 이런 상황에서 독립을 하는 것은 분명 실에 가까운 데다 위험성도 높았다. 앞으로 이야기한 것처럼 일본레이저 주식을 매입하려면 1억 5,000만 엔 규모의 은행 차입이 필요했다. 차입금을 5년에 걸쳐 상환해야 했지만, 매년 3,000만 엔씩 상환하려면 8,000만 엔의 경상이익을 올려야 했다. 그러나 일본레이저는 창업 후부터 MEBO를 통해 독립하기까지 39년간 8,000만 엔의 경상이익을 올린 해가 단 두 차례밖에 없었다. 8,000만 엔의 이익을 5년 연속으로 거둘 수 있을지 없을지는 솔직히 나 또한 확신할 수 없었다.

그러나 모회사로부터 독립하지 않으면 어렵사리 살려놓은 일본레이저가 다시 한 번 위기에 직면할 가능성이 컸다. 그리고 자기효능감이 충만한 직원들이 거래처를 들고 회사를 나가는 사태가 반복되어, 결국에는 공중분해되고 말 것이었다. 따라서 나는 회사를 지켜내기 위해 리스크를 떠안기로 마음먹었다.

한편, 독립하기 전까지는 은행에서 운전자금 명목으로 빌린 6억 엔에 대해 모회사인 일본전자가 보증했지만, 독립 후에는 내가 대표이사로서 개인 보증을 해야 했다. 회사가 정상화되지 못하면 도산하는 것은 물론 나 자신도 파산할 위험성이 있었다.

당시 나는 아내에게 "직원들의 모티베이션을 생각하면 모회사로부터 독립할 수밖에 없는데, 그러려면 내가 개인 보증을 서야 한다."고 이야기했다. 그랬더니 아내는 버럭 화를 내면서 이렇게 말했다. "나는 월급쟁이랑 결혼했지, 아무리 회사를 위한 일이라고 해도 개인 보증까지 서는 사람이랑 결혼한 건 아니라고요." 그렇지만 이 방법밖에는 없었다.

아내에게는 "개인 보증은 서지 않겠다."고 약속했지만 실제로는 비밀로 하고 강행했다. 결과적으로 MEBO에 성공했고 실적은 개선됐으며 무차입 경영을 실현한 결과 개인 보증의 책임에서 벗어날 수 있었다. 덕분에 지금까지 아내에게 이혼당하지 않고 잘 살고 있다.

일시적으로 손해 보는 일이라고 생각되어도 '총명하고 선량한 판단'을 내린 결과 일본레이저가 부활할 수 있었다고 생각한다. 모회사로부터 독립한 2007년 3월기(2006년 4월 1일 ~ 2007년 3월 31일 - 옮긴이)에는 17%이었던 자기자본 비율이, 2013년에 50%를 초과했고 그 이후 계속해서 50% 이상을 유지하고 있다. 이미 지주회사인 JLC홀딩스는 완전 무차입 상태였고, 사업회사(특수한 회사 밑에서 실제로 경영을 하는 회사 - 옮긴이)인 일본레이저도 유이자 부채(어떤 형태로든지 이자를 지불해야 하는 부채 - 옮긴이)인 사모채의 총액보다도 현금 보유액이 많은 무차입 경영을 실현했다.

도쿄상공회의소에서 주최한 제10회 '용기 있는 경영 대상'에서 상사로서는 최초로 대상을 수상할 수 있었던 것도 이처럼 리스크를 감수하고 과감히 기업을 이끈 결과를 인정받았기 때문이다.

남들이 보기에는 손해 보는 선택일지라도
나에게 의미가 있다면

남들은 손해 보는 선택이라며 나를 말렸을 것이다. 하지만 내가 리스크를 감수하고 손해 보는 선택을 한 이유는 명확하다. 바로 '일본레이저가 무너지지 않도록 하기 위해서'였다. 그것뿐이었다. 그리고 직원들을 믿었기 때문이다. 회사가 무너져 버리면 고용도 보장할 수 없게 된다. 고용을 보장할 수 없다면 직원들에게 '인생을 사는 즐거움'과 '성장의 기회'를 부여할 수 없다.

일본레이저에서 근무하는 사람들이 길거리를 헤매게 하고 싶지 않았다. 그러기 위해서라도 나는 나 자신에게 득이 될지 실이 될지가 아니라, '옳은지 옳지 않은지'를 기준으로 매사를 바라보고 판단하고 있다.

회사는 직원도 성장하고
사장도 성장하는 곳

고난, 시련, 역경이라는 숫돌로
나를 다듬어나가다

단도직입적으로 이야기하자면 '세상은 생각대로 돌아가지 않는
다.' 나는 이제까지 살면서 '왜 이런 일이 내게….'라는 말이 절
로 나올 만큼 감당하기 어려운 일들과 자주 맞닥뜨리곤 했다.

　이런 상황에서 '이미 벌어진 일'을 두고 고민해봐야 소용없
다. 모든 것은 필연이었다, 일어날 수밖에 없는 일이 일어났다
고 받아들이는 것 외에는 달리 방법이 없다. 일단 결과를 수용
한 뒤에 이를 극복할 방법을 계속해서 찾아나가야 한다. 그리
고 극복한 후에는, 내게 닥친 역경이 사실은 나 자신을 연마하
기 위한 숫돌이었음을 깨달아야 한다.

나는 스물일곱 살 때 결혼했고 아내는 이듬해에 쌍둥이 남자아이를 낳았다. '다카유키'와 '노리쓰구'라고 이름을 지어주었다. 그러나 두 아이를 얻은 기쁨은 얼마 지나지 않아 크나큰 슬픔으로 뒤바뀌고 말았다. 혈액형 부적합으로 인한 중증 황달 때문에 두 녀석 모두 생후 3일째 되던 날 세상을 떠나고 말았다. 슬픔이 끝도 없이 밀려왔다. 깊은 슬픔, 절망, 비탄으로 가득 찬 내 가슴은 터져버릴 것만 같았다. 그러나 아무리 한탄한다고 해도 이미 벌어진 현실을 바꿀 수는 없다. 시간도, 아이들의 목숨도 되돌릴 수는 없다. 그리고 너무나 안타깝게도 그 후로 다시는 아이를 가질 수 없었다.

당시 나는 아이들의 죽음을 도저히 받아들일 수가 없었다. 고통을 완전히 씻어내지 못한 채로 그냥 그렇게 살았다. 하지만 시간이 지남에 따라 어느 정도 추스를 수 있었고, 요즘에는 '사랑하는 두 아이 모두 잃어버리는 시련이야말로, 우리 부부에게는 필연이었고 필요했던 사건이 아니었을까?' 하고 받아들이고 있다. 내 주변에서 일어난 모든 일들은 필연이었다고 받아들이고, 필요한 일이었고 그것이 최선이었다고 여기려고 노력하는 것이 중요하다고 생각한다.

노사 관계를 민주적인 방식으로 풀어간 것도, 미국 지사를 폐쇄한 것도, 회사를 재건한 것도 하나하나가 엄청난 사투 끝에 얻은 결과였다. 과연 내가 쌍둥이 아이들을 키우면서도 이렇게 회사 일에 온 힘을 쏟을 수 있었을까? 잠자는 시간도 부족할 만큼 일에 치여 살았는데, 과연 아이들을 제대로 키울 수 있었을까? 아이들을 데리고 미국 법인으로 그렇게 쉽게 떠날 수 있었을까?

아이를 여의었든 여의지 않았든 나의 선택에는 변함이 없었을지도 모른다. 그러나 확실한 것은 '사랑하는 아이들의 죽음'을 경험했기에 비로소 내가 성장할 수 있었다는 사실이다. 따라서 언제나 저 세상에 있는 아이들에게 고마울 따름이다.

이처럼 살다 보면 거스를 수 없는 비극에 직면할 때가 있다. 도무지 이유가 없는 일, 이치에 맞지 않는 일이 일어날 때도 많다. 그렇지만 내 주변에서 일어나는 일이 '그럴 수밖에 없었고, 나에게 필요했고, 최선이었다.'라고 받아들인다면 고민하는 시간이 줄어들고 기분도 전환할 수 있다.

내가 노조 집행위원장으로 취임한 것도, 미국 지사에 부임한 것도, 일본레이저를 재건하는 일에 투입된 것도, 부하직원이 거래처를 들고 나가 독립한 것도, 환율이 요동치는 것도, 리먼 브라더스 쇼크도, 모두 이치에 맞지 않는 사건이었다. 그렇지만 나는 받아들였다. 그리고 관점을 바꿔 생산적이고 현실적으로 대처했다. 이렇게 했기 때문에 나도 회사도 역경을 극복하고 성장할 수 있었다고 생각한다.

회사는 '직원이 성장할 수 있도록 돕는 곳'이지만 이와 동시에 '사장이 성장하는 곳'이기도 하다. 그리고 사장이 성장하려면 '고난, 시련, 역경'이라는 이름의 숫돌로 자기 자신을 끊임없이 갈고 닦아야 한다.

아수라장이 된 조직에서
위기를 몸소 체험하다

조금 다른 이야기지만, 리더의 능력이 가장 절실하게 필요한 시기는 언제일까? 바로 조직이 위기에 직면했을 때다. 리더는 이에 대비해서 평소에 '위기관리 능력'을 키워 놓아야 한다. 위기관리 능력이란 구체적으로 다음과 같은 5가지로 정의할 수 있다.

첫째, 신속하게 정보를 파악하고 구성원들에게 전달한다.

위기관리는 사태를 미리 감지하고 사전에 대처하는 것이 절반이다. 그리고 좋지 않은 정보를 미리 감지하면 모른 척하지 말고 곧바로 구성원들에게 전달하고 공유해 함께 대책을 세워야 한다.

둘째, 어떠한 상황에서도 유연하게 대응한다.

위기 상황이 발생했을 때 매뉴얼대로 대응할 것인지, 아니면 매뉴얼을 무시하고 유연하게 대응할 것인지를 판단해야 한다.

셋째, 팩트fact가 무엇인지 상황을 정확히 파악한다.

어떤 정보라도 맹목적으로 받아들이지 말고 '총명함'을 가지고 팩트인지 아닌지를 확인해야 한다.

넷째, 신속하게 전체를 파악하고, 누구라도 이해할 수 있는 단어로 표현한다.

단편적인 정보를 모두 모아 서로 엮고 정리하여 위기 상황의 전체 모습을 신속하게 파악해야 한다. 구성원들과 합심해 위기에 대응할 수 있도록, 지시나 전달을 할 때는 전문용어를 사용하지 말고 회사 구성원 모두가 이해할 수 있는 쉬운 표현을 사용해야 한다.

다섯째, 위기를 만났을 때야말로 의식적으로 밝게 이야기한다.

위기에 처했을 때 윗사람들이 심각한 표정을 짓고 있으면 구성원들은 더욱 불안해질 수밖에 없다. 리더는 어떠한 경우라도 웃음을 잃지 말아야 한다.

위와 같이 5가지 위기 관리 능력을 키우는 데 힘써야 한다. 그러기 위해서 가장 좋은 방법은 아수라장을 직접 경험하는 것이다. 아수라장이 된 조직, 즉 실제로 위기를 겪으면서 이를 직접 극복해나가는 것만큼 좋은 훈련은 없다.

수년 전 병환으로 회사를 떠난 한 임원은 30대 시절, 미국에서 큰 거래처를 잃은 적이 있다. 당시 사장은 "이 회사를 대신할 업체를 찾을 때까지 귀국할 생각도 하지 말라."고 엄포를 놓았고 이 때문에 그는 두 달간 미국 전역 방방곡곡을 누비며 동분서주할 수밖에 없었다. 안타깝게도 목표를 달성하지 못한 채 귀국했지만 그는 "이런 위기 상황을 직접 경험한 덕분에 자신이 빠르게 성장할 수 있었다."고 했다. 실제로 그는 차기 사장 후보감으로 물망에 오를 만큼 실력 있는 인재였고 회사 내에서 중요한 역할을 해냈다.

나 역시 내가 경험한 '아수라장'이 어떠했는지 임원들과 내정된 차기 사장에게 종종 이야기한다. 하지만 의도적으로 그런 환경을 만들어낼 수는 없기 때문에, 미래의 후임 사장들에게도 자회사나 관련 기업의 사장으로 파견을 보내 실제로 회사를 이끌어볼 기회를 마련해주는 것은 어떨지 고려하고 있다.

그런데 이때 중요한 것은 리더의 마음가짐이다. 아무리 심각한 아수라장을 경험하더라도 문제의 원인을 남 탓, 주변 탓으로 돌리지 않고 내 책임이라고 생각해야 한다. 그리고 시련과 고난을 '성장하기 위한 숫돌'로 여기고 부단히 노력해야 한다. 이런 과정을 거쳐야만 위기에 강한 리더로 성장할 수 있다.

당연히 일어난 일이고, 나 자신의 문제라고 받아들이자

보통 신입사원으로 입사해 3년 이내에 이직하는 비율은, 대졸 기준 30%, 고졸 기준 40%라고 한다. 이들이 퇴직하는 사유로는 '일이 재미없어서', '회사에서 내 미래가 보이지 않아서', '처우가 좋지 않아서', '근무 환경이 좋지 않고 인간관계가 좋지 않아서' 등이 언급된다. 그러나 2~3년 일하고 회사를 그만둬버리면 제대로 된 경력으로 인정받지도 못한다. 시간만 낭비할 뿐이지 남는 게 없다는 얘기다.

회사에서 일을 하다 보면 하기 싫은 일을 하게 될 때도 있고, 내가 만들어낸 성과에 비해 보상이나 인정을 제대로 받지 못할 때도 있다. 오만한 상사 밑에서 일할 수도 있고, 툭하면 다짜고짜 화부터 내는 고객을 자주 만날 수도 있다. 그러나 '원래 회사는 부조리한 곳'이라는 점을 인식하고, 부조리한 일도, 상사도, 동료도, 고객도 모두 나를 연마하는 데 필요한 숫돌이라고 생각하면 매일 성장할 수 있다.

앞에서 말했듯이, 좋은 결과는 불가사의한 일이고 나쁜 결과는 당연한 일이다. 그러니 일이라는 게 생각대로 되지 않는 것이 당연하다. 그러니 그런 일을 겪더라도 다른 사람을 탓하거나 환경, 조건을 탓하지 말자. 당연히 일어난 일이고, 나 자신의 문제라고 받아들이고 노력하자. 진정으로 조직과 직원의 성장을 바라는 리더라면, 먼저 구성원들에게 '부조리한 일도, 고객도, 트러블도 모두 나를 연마하는 데 필요한 숫돌'이라는 점을 일찌감치 깨닫도록 가르쳐야 한다.

지금 하지 않으면 언제?
여기서 하지 않으면 어디서?

어려운 상황을 겪을 때면
'지금, 여기, 나 자신'이라고 외쳐본다

어려운 상황을 겪을 때면 나는 마음속으로 이렇게 외친다.

'지금, 여기, 나 자신.'

이 말은 노조 집행위원장으로 근무하던 시절에 한 선배로부터 배운 것인데, 그 뒤로 어려운 일이 생길 때마다 정신적 버팀목이 되어주고 있다. 이는 부처님의 삶의 방식을 보여준다.《일야현자경―夜賢者經》이라는 경전에는 이런 말이 있다.

과거를 따르지 말고 미래를 기대하지 말라.
한번 지나가버린 것은 이미 버려진 것.

미래는 아직 오지 않았다.

그러니 현재의 일은 이모저모 잘 살펴

흔들리거나 움직임 없이 잘 알고 실천하라.

오늘 할 일을 부지런히 행하라.

누가 내일의 죽음을 알 수 있으랴.

'지금', '여기', '나 자신'이라는 3개 단어는 선禪 사상을 단적으로 보여준다.

첫째, '지금'이란 '지금 이 순간을 살아가는 것'이다.

사람은 어제와 내일로 이동할 수 없다. '오늘'을 살 수밖에 없는 이상, '지금' 이 순간 최선을 다해 살아가야 한다.

둘째, '여기'란 '이곳에서 살아가는 것'이다.

나의 두 발은 언제나 '여기'에 있다. 이 회사, 이 집, 이 사회에서 살아가고 있다. 자신이 없는 장소로 갈 수는 없다. '여기'에서 도망칠 수 있는 사람도 없다. 집을 나가는 것도, 직장을 옮기는 것도, 해외로 나가서 사는 것도 자유이지만, 어디에 가든 우리는 '여기'에서 살 수밖에 없다.

셋째, '나 자신'이란 '자신의 인생을 살아가는 것'이다.

다른 사람을 부러워한다고 해서 그 사람의 인생을 살 수는 없다. 마찬가지로 내 인생이 괴로워도 다른 사람이 나 대신 살아줄 수 없다. 내 인생을 책임지는 것은 '나 자신'밖에 없다. 내 인생의 주인공은 바로 '나 자신'이다.

온갖 시련을 겪을 때마다 나는, '지금, 여기, 나 자신'이라는 가르침에 따라 이렇게 자문한다. '지금 하지 않으면 언제 할 것인가. 여기서 하지 않으면 어디서 할 것인가. 내가 직접 하지 않으면 누가 해결해주겠는가.'

노조 집행위원장으로 임명되어 대량 해고를 추진했을 때도, 뉴저지 지사를 폐쇄할 때도, 보스턴에서 정리해고를 할 때도 고난이 계속됐다. 내 얼굴을 똑바로 보고 "배신자!"라고 소리 지르는 사람도 있었고, 등 뒤에서 싸늘한 눈총을 느낀 적도 한두 번이 아니다. 그렇지만 '지금 이 순간, 이 상황에서 내가 직접 하지 않으면 안 된다.'라고 각오하고, 어려운 문제 앞에서 도망치지 않고 직접 마주했다.

솔직히 말해, 다 쓰러져가는 일본레이저를 재건하라는 지시를 받은 것은 청천벽력과도 같았지만 그래도 나는 망설이지 않았다. '도전할 가치가 있는 일'이라고 받아들이고 '모든 노력을 쏟아서 어떻게든 재건해 보여주겠다.'는 생각 외에는 없었던 것 같다.

아무리 손해 보는 역할이라고 해도 그것이 내 운명이라면 있는 힘껏 부딪혀보는 수밖에 없다. 앞에서 이야기한 '불가사의 한 승리'는 그러한 마음가짐으로 계속 도전한 사람에게만 찾아 오는 것 같다.

인생에서 두 점 사이의 최단거리는 직선이 아니다

인생은 이치에 맞게, 논리적으로 돌아가지 않는 경우가 더 많다.

인생은 우여곡절의 연속이다. 인생은 롤러코스터다.

그러나 고통과 슬픔을 많이 맛볼수록 사람은 더 성장한다.

길을 잃거나 좌절할수록 더 단단해진다.

인생에 있어서 두 점 사이의 최단거리는 직선이 아니다.

나에게 이런 가르침을 주신 분은 바로 아버지다. 아버지는 '인생은 생각대로 돌아가지 않는다.'는 인생관을 갖고 계셨다.

인생은 생각대로 돌아가지 않으니, 어려운 상황이 계속된다고 해도 너무 실망할 것도 없고 좌절할 것도 없다는 말씀을 자주 해주셨다.

나는 학창시절에 독일로 유학을 가려고 했다. 아버지는 "유급되거나 휴학을 해도 좋으니 다녀오거라." 하고 말씀하셨다. 덧붙여 "멀리 돌아갈수록 목적지에 빨리 도달한다."라고도 하셨다.

나는 살면서 크나큰 시련을 만날 때마다 아버지가 하신 말씀을 떠올리고 "멀리 돌아갈수록 목적지에 빨리 도달할 수 있다."고 되뇐다. 이론상으로만 보면 직선이 두 점을 연결하는 최단 경로인 것은 맞지만 인생에 직선 코스란 없다. 내 인생을 돌아보더라도 온통 꼬불꼬불한 역경뿐이었다. 노조 집행위원장이 됐을 때도, 실적이 악화된 해외 지사로 파견됐을 때도 그랬다. 평탄하고 안정적인 직선 코스는 한 번도 없었다.

하지만 그때 그런 어려운 길을 가지 않았더라면 오늘날의 나는 없었을 것이다. 당시에는 멀고 험한 길로 둘러가는 것처럼 보였지만, 나중에 되짚어 보니 '나 자신이 한 단계 더 도약하기 위한 최단 코스'였음을 깨달을 수 있었다.

에필로그 _
성공을 부르는 4가지 조건

보스턴에 주재하던 시절, 한 미국인 친구가 나에게 이렇게 물었다.

"미국에서 성공하는 데 필요한 조건이 뭔지 알아?"

나는 "체력, 능력, 노력, 이 3가지 아닐까?"라고 대답했다.

그러나 그 친구는 웃으며 고개를 저었다.

"그게 다였으면 미국에는 백만장자가 수두룩했을 걸?"

나는 그에게 되물었다.

"그렇다면 체력, 능력, 노력 외에 어떤 조건을 갖춰야 성공할 수 있어?"

"중요한 게 하나 더 있어. 그건 바로 '운'이야. 하느님을 자기편으로 끌어들인 사람만 성공할 수 있다는 거지."

그 미국인 친구는 이렇게 말했다. 또한 이런 설명도 덧붙였다. 미국 사람들이 자원봉사나 기부 같은 자선 활동을 열심히 하는 이유는, 자기들의 종교관 때문이라고 말이다. 가령 '인간은 신의 의지에 의해 살고 죽는다.', '인간의 운명을 좌우하는 것은 신이다.' 같은 종교관이란다.

아무리 체력과 능력과 노력을 두루 훌륭하게 겸비하고 있다고 해도 신이 내 편이 아니거나 내 능력을 인정하지 않으면 성공할 수 없다. 그래서 미국인들은 자선 활동을 통해 신에게 감사드리고 운의 흐름을 좋게 만들려고 한다는 것이 그 친구의 설명이었다.

'성공하려면 운이 필요하고 운을 내 편으로 만들려면 신에게 감사해야 한다.'는 관점은 당시의 나로서는 선뜻 받아들이기 어려웠다. 신에게 가호를 비는 것은 스스로 해보지도 않고 남에게 지나치게 기대려는 것이나 다름없다고 생각했다. 나는 합리적으로 세상을 바라보는 타입이기 때문에 '눈에 보이지 않는 존재'를 의심 없이 받아들일 수는 없었다.

그러나 요즘은 다르다. 그 친구가 가르쳐준 것, 즉 '감사하는 마음을 가져야 운을 내 편으로 만들 수 있다.'는 법칙이야말로 '기업을 경영하는 데 가장 중요한 원칙'이라고 생각한다.

일본 사람들은 자연 속에서 수많은 신을 발견한다고 이야기한다. 나는 종교인은 아니지만, 우리가 각자의 몸을 빌려 한평생을 살아갈 수 있는 것은 '눈에 보이지 않는 존재' 덕분이라고 믿는다.

어떻게 해야 '운'을 내 편으로 만들까?

일본레이저 사장으로 취임하고 나서 1년차에 흑자로 전환할 수 있었던 것도, MEBO에 성공해서 모회사로부터 완전히 독립할 수 있었던 것도, 우리 회사의 이직률이 10년 이상 거의 제로에 가까웠던 것도, 23년 연속 흑자를 달성한 것도 그 이유를 '한마디'로 설명해보라고 한다면 나는 이렇게 답할 것이다.

"운이 좋았다."

나는 지금까지 어려운 상황을 수없이 극복해 나가는 과정에서 '운을 내 편으로 끌어들이는 것'의 중요성을 실감했다. 그렇다면 어떻게 해야 운이 좋아지는 것일까? 나는 '5가지 마음가짐'을 가진다면 자연히 운도 따를 것이라고 믿는다.

첫째, 언제나 밝게 웃고 미소 띤 얼굴을 유지한다.

어떠한 경우라도 불쾌한 표정을 지어서는 안 된다. 인사할 때에도 목례로 끝내지 말고 밝고 힘차게 인사하자. '지겨워', '피곤해', '불가능해', '싫어', '별 수 없어' 같은 부정적인 표현이 무심결에 입 밖으로 나오려 하면, 일부러 괜찮은 척해도 좋으니 '즐거워', '힘이 난다', '좋네', '할 수 있어'라고 반대로 이야기 해보자.

둘째, 언제나 감사한다.

태어난 것, 부모님이 나를 낳아주신 것을 감사하자. 조상님들께도 감사하고, 일을 할 수 있다는 사실에 감사하고, 고객, 거래처, 동료 직원들에게 감사하자. '내가 말이지…' 하는 식의 자만심은 버리고, '나는 신의 의지에 의해 살고 죽는다.'는 겸허한 마음가짐을 갖는 것이 중요하다.

누구든 혼자서는 살 수 없다. 그러나 보통은 이런 사실을 망각하고 '나 혼자 힘으로 충분히 살아갈 수 있다.'라고 생각한다. 이런 독선적인 태도로는 비즈니스 세계에서 성공할 수 없다. 나는 '다양한 사람들과 다양한 경험을 해온 덕분에 하루하루 살아갈 수 있다.'는 사실을 잊지 않으려고 다음과 같은 3가지 표현을 입버릇처럼 사용한다.

- 감사합니다.

살아 있게 해주셔서 감사합니다. 일할 수 있게 해주셔서 감사합니다. 기회를 주셔서 감사합니다. 이처럼 나 자신에게 주어진 운명과 기회에 대해 감사한다.

- 이렇게 해도 될까요?

계율戒律을 준수하며 살고자 하는 뜻을 담은 표현이다. '계戒'란 해서는 안 되는 일, '율律'이란 반드시 해야 할 일을 뜻한다. 사회의 룰을 지키고 '해야 할 일을 하고, 하지 말아야 할 일은 삼가고 있는지'를 확인하는 표현이다.

- 아무쪼록 잘 부탁드립니다.

'해야 할 일을 하고 난 뒤에는 운명에 맡기는 수밖에 없다.', '있는 그대로 받아들일 수밖에 없다.'라는, 미련을 남기지 않는 태도를 보이는 표현이다.

셋째, 어제보다는 오늘 더, 오늘보다는 내일 더 성장한다.

이 말은 비즈니스 스킬과 같은 실무 측면에서의 성장만을 의미하지 않는다. 내면의 성장 등 인간의 본질적인 성장을 의미한다.

넷째, 절대로 남 탓을 하지 않는다.

모든 문제는 '나에게서 비롯된다.'고 생각하고, 주변 탓으로 돌리지 말아야 한다.

다섯째, 내 주변에 일어나는 모든 일은 필연이라고 생각하고 전부 받아들인다.

'내게 닥친 시련과 고난조차도 성장하기 위한 밑거름이 된다.'고 생각하고 꾸준히 노력하여 극복해나가야 한다. '나는 운이 좋은 사람이야.' 하고 생각하면, 일이 잘 풀리지 않을 때도 문제를 대하는 관점이 달라진다. '더 심각한 사태가 벌어질 수도 있었는데, 이 정도로 끝나서 정말 다행이다.', '조금 더 노력하라는 시그널인 것 같다.'라고 적극적으로 받아들일 수 있다.

항상 운이 따르는 삶을 살고 싶다면, 언제나 웃고, 감사하고, 성장하고, 남 탓으로 돌리지 말고, 그 어떠한 상황도 내 것으로 받아들이는 마음가짐으로 일하자. 이런 5가지 마음가짐을 생활화하면 운의 흐름을 좋게 만들 수 있을 것이다.

특히 경영자에게는 '운'이 따라야 한다. '운이 나쁜 경영자'는 기업을 성장시킬 수 없다. 회사가 적자로 운영난에 시달리면 고용을 보장할 수 없고 직원들이 불행에 빠진다. 그렇게 되지 않으려면 사장은 마음을 가다듬고 행동을 절제하여 운을 내 편으로 만들어야 한다.

이 책이 부디 경영자들에게 도움이 되길 바란다. 끝으로, 이 책을 쓸 수 있도록 도움을 준 클로로스Chloros의 후지요시 유타카와 다이아몬드 출판사의 데라다 요지에게 감사드린다. 또한 스물 셋에 내 아내가 되어 격동의 세월을 함께 보낸 유리코에게는 함께 고생해줘서 고맙다는 말을 전하고 싶다. 독자 여러분께도 감사를 전한다.

지은이 곤도 노부유키

특별부록 _ 저자와의 대담
: 사람을 소중히 여기는 경영으로 지속성장을 이뤄내다

경영 전반에 대해서

Q : 기업 운영 측면에서 가장 역점을 둔 부분은 무엇입니까?

A : 직원들이 최선을 다하면 좋은 성과를 얻을 수 있고, 기업이 영속할 수 있게 하는 비즈니스 모델과 경영 전략을 수립하는 것입니다. 또한 직원들의 모티베이션을 극대화하는 제도와 문화를 만드는 것입니다.

Q : 일본레이저의 '최대 전환점'이 되었던 사건은 무엇입니까?

A : 1993년 채무초과 상태가 됐고, 1994년 회사 재건을 위해 내가 모회사로부터 파견된 것 아닐까요? 임직원의 주인의식

을 제고하고 회사에 헌신하도록 하기 위해 2007년 MEBO를 단행하여 모회사로부터 완전히 독립한 것이 최대 전환점이 되었던 것 같습니다.

Q : 일본레이저의 '최대 강점'은 무엇입니까?

A : 일본 최초의 레이저 전문 수입상사로서의 지명도와 고객 지지도가 높고, 많은 해외 업체들로부터 좋은 평가를 받고 있다는 점입니다. 이렇게 된 데에는 직원 개개인의 업무 역량과 모티베이션 수준이 매우 높고, 단순 영업이 아닌 제안 영업을 할 수 있는 전문가 집단이라는 점이 중요한 요인이라고 생각합니다. 타사에 비해 기술 엔지니어가 많고, 수입품이지만 소비자들에게 기술 지원과 서비스를 충실히 제공할 수 있다는 점 역시 강점입니다. 또한 재무관리 역량이 뛰어나 공급 업체와 고객의 리스크를 줄여줄 수 있다는 점도 일본레이저만의 강점입니다.

Q : 그렇다면 어떻게 이런 '강점'을 가지게 되었습니까?

A : 일단 경영자의 선견지명과 글로벌 비즈니스에 강한 협상력이 주효했다고 생각합니다. 그리고 정리해고 없는 기업 운영, 임직원이 계속해서 성장할 수 있도록 지원하는 문화와 제

도 덕분에 이렇게 성장할 수 있었습니다. 회사가 직원을 소중히 여기고 있다고 느끼는 데에서 비롯되는 직원들의 자발적인 노력과 헌신, 그리고 위기 상황에 대처하는 초인적인 힘이 나오지요. 그러한 에너지는 임직원들에게 자기효능감을 주고, 이는 곧 자기조직화로 이어집니다.

Q : 회사의 '강점'을 만들어가는 과정에서 중요한 것은 무엇이었습니까?

A : 일단 가장 중요한 것은 정리해고·퇴직권고가 없는 고용 방침과 성희롱·모성 괴롭힘이 없는 조직 문화를 형성하는 것입니다. 또한 정년 이후 재고용을 통해 누구라도 65세, 더 나아가 70세까지 일할 수 있게 한 것도 의욕과 동기를 북돋우는 데 큰 도움이 되었습니다. 건강이 허락하는 한 회사에 공헌하고자 하는 사람은 70세까지 일할 수 있고, 향후 80세까지 늘릴 예정입니다.

또한 연중 상시채용을 하고, 다양한 경로를 통해 인재를 확보하고 있습니다. 그리고 인재를 뽑은 후에는 교육에 신경을 많이 쓰지요. 앞에서도 설명했듯이 사장 학교, 경영자 대학 등 내부, 외부를 가리지 않고 직원 교육에 에너지를 많이 쏟습니다. 그러한 노력의 일환으로 기술직, 영업직은 물론이고 사무직 직원들도 해외 출장이나 해외 연수의 기회를 부여해 성장할 수 있도록 독려합니다.

　그 외에도 학력·나이·성별·국적과 관계없이, 능력·눈에 보이는 성과·눈에 보이지 않는 공헌도 및 경영 이념에 대한 실천 정도를 기준으로 공정하게 대우하고 관련 인사처우 제도를 갖추는 것도 필요합니다. 공정한 평가와 그에 걸맞는 보상이 중요한데, 고용을 확실히 보장하지만 직원간 급여 차이는 다른 회사보다 큰 편입니다. 리스크를 줄이기 위한 제도적 보완책으로 더블 어사인먼트와 멀티 태스크 제도를 실행하고 있습니다.

　우리 회사는 건조한 업무일지가 아니라 '이번 주에 느낀 점'과 '이번 주에 최선을 다한 점'을 통해 직원 각자가 반성과 각오를 다집니다. 그 2가지는 상사와 임원, 그리고 사장인 저까지도 함께 공유하기 때문에 직원 개개인에 맞춘 인사, 성과 평가 제도를 운영할 수 있습니다.

Q : '강점'을 만들어가는 과정에서 가장 어려웠던 것은 무엇입니까?

　A : 일단 인력이 부족하고 재정적인 측면에서도 어려움이 있었습니다. 앞에서 언급했듯이, 불량 재고, 불량 설비, 불량 채권, 불량 인재 등 '4대 불량'을 처리해야 했습니다. 경영난을 겪고 있던 중이라 인재를 확보하기도 어려웠지요. 하지만 회사의 실적이 향상되고 2007년 모기업으로부터 독립한 이후로 회

사의 인지도가 높아지면서 좋은 인재들이 많이 지원하고 있습니다.

독립을 하기 위해서는 모회사가 보증했던 차입금에 대해 대표이사가 개인 보증을 해야 했는데, 최악의 경우 개인도 파산할 수 있는 위험을 감수했습니다. 또한 MEBO 후 2년간 차입금 상환에 필요한 이익을 올리지 못했기 때문에 운전자금으로 빌린 돈으로 보전하여 상환해야 했습니다. 그러나 이후 실적 개선을 통해 개인 보증 의무에서도 벗어났고, 차입금을 완전히 상환하여 무차입 경영을 실현했습니다.

사람 때문에 힘든 적도 많았습니다. 제가 일본레이저 사장으로 취임한 것에 대해 반발한 서열 2위의 상무와 부하직원이 유력 거래처(프랑스, 독일, 이스라엘 3사)를 들고 독립했습니다. 그 결과 회사의 상황은 매우 어려워졌고, 그 사건 이후로 신규 거래처 개발과 기존 공급 업체와의 관계 구축이 사장의 가장 중요한 업무가 되었습니다.

Q : 일본레이저는 '강점'을 계속 유지할 수 있다고 생각하십니까? 계속 유지하기 위해서 가장 중요한 것은 무엇입니까?

A : 당연히 유지할 수 있다고 생각합니다. '사람을 소중히 여기는 경영'에 머물러서는 안 됩니다. 직원들이 '회사가 나를

소중히 여기고 있구나.' 하고 실감할 수 있게 하는 것이 중요합니다. 이 점을 명심하고 직원들이 일을 통해 스스로 성장하고 자아실현을 해나갈 수 있도록 회사를 운영해야 합니다.

우리 회사의 강점을 계속 유지하기 위해서는 기존 공급 업체와의 관계를 강화하고 전략적 제휴를 체결함과 동시에 새로운 거래처 발굴을 위해 노력해야 한다고 생각합니다. 또한 자기자본비율은 MEBO 직전에 17%이었던 것에 비해, 매수 자금을 완전히 상환한 시점에는 55%까지 향상되었고, 그 이후에도 재무건전성을 꾸준히 유지하고 있습니다. 강점을 더욱 강화하기 위해서는 재무건전성을 유지해야 하므로 무리하게 사업을 확대하지 않을 것입니다.

경영자에 대해서

Q : 항상 다른 회사보다 한 발 먼저 나아가기 위해서 가져야 할 마음가짐은 무엇입니까?

A : 정보, 인맥, 주위의 응원이라고 생각합니다. 직원들이 일하고자 하는 의욕과 동기를 북돋우고, 직원들에게 더 많은 기회를 부여하기 위한 서번트 리더십(리더가 부하직원을 섬기는 자

세로 그들의 성장과 발전을 도우며, 조직의 목표를 달성하는 데 부하직원 스스로 기여하도록 만들어 나가는 리더십 - 옮긴이)이 중요합니다. 이런 조직은 개개인이 자기조직화를 통해서 경영자 마인드를 갖게 됩니다.

Q : 시장과 고객 동향을 파악하거나 정보를 수집하기 위해 무엇을 하십니까?

A : 해외 출장이나 해외 전시회에 참가해서 견문을 넓히고, 해외의 유력 협력 업체와 돈독한 관계를 갖는 것이 중요합니다. 그러한 노력 속에서 해외 기업의 정보나 환율, 세계경제 등에 대한 정보를 수집할 수 있습니다. TV, 인터넷 등을 활용하고, 계속해서 가설을 수립하고 검증합니다.

Q : 사내 동향을 계속 파악하면서도 직원을 격려하기 위해 가져야 할 마음가짐은 무엇입니까?

A : 가장 중요한 것은 항상 밝게 웃는 얼굴로 직원들에게 인사하는 것입니다. 그리고 사내 곳곳에서 직원들과 격의 없는 대화를 나누는 것이 중요합니다. 그리고 저는 전 직원이 작성한 '이번 주에 느낀 점'과 '이번 주에 최선을 다한 점'을 확인하고 회신하는 것으로 직원들의 기쁨과 고충을 이해하고 도움이

될 만한 피드백을 전달합니다.

또한 파트타임 직원과 파견 직원을 포함해 전 직원의 생일에 선물과 자필로 직접 작성한 축하 카드를 전달합니다. 그리고 송년회나 사원 여행을 갈 때 제 사비로 상금과 상품을 제공합니다.

Q : 거래처 및 지역사회와 신뢰관계를 유지하기 위해 가져야 할 마음가짐은 무엇입니까?

A : 1998년부터 업계의 임의단체인 '일본 레이저 수입 진흥회(JIAL)'의 회장직을 자원하여 맡고 있으며 거의 매월 이사회를 주최하고 있습니다. 본사 대회의실을 업계 및 학회 모임 때마다 무료로 이용할 수 있도록 합니다. 또한 '사람을 소중히 여기는 경영학회'의 부회장 겸 '일본에서 가장 소중히 여기고 싶은 회사' 대상 심사위원으로서, 대상에 응모하는 전국 곳곳의 기업에 자원하여 방문합니다.

지역사회에 도움을 주기 위해 우리 회사가 위치한 지역 전철역 구내를 안내하는 책자와 도로 지도를 제공하고 있습니다. 또한 지역 중학교에는 학생들에게 유익한 정기간행물을 보내고 있습니다.

사장이 직접 많은 시간을 할애하여 사외 강의, 본사 견학,

언론 취재(연간 50회 정도) 요청에 대응하고, 전국 여러 대학에서 강의도 합니다. 매년 해외 학생을 대상으로 한 인턴십 프로그램을 운영하는데 현재까지 총 8명이 인턴십을 수료했습니다. 또한 해마다 보스턴 대학교 MBA 과정 학생들 약 20명이 본사를 견학할 수 있도록 지원합니다.

Q : 탑다운(Top-down, 상명하달) 리더십과 바텀업(Bottom-up, 하의상달) 리더십 중에서 어느 쪽이 바람직하다고 생각하십니까?

A : 기업의 발전 단계별로 적합한 리더십과 매니지먼트 유형이 있습니다. 1단계 경영을 정상화할 때는 탑다운으로 추진합니다. 2단계에서는 모티베이션 향상을 최우선으로 하지요. 3단계는 직원들의 주인의식 제고에 역점을 둡니다. 가령 일본 레이저의 MEBO도 그 일환이라고 볼 수 있습니다. 그리고 4단계에서는 직원들이 회사가 자신을 소중히 여기고 있다고 느낄 수 있도록 합니다. 최종 단계에서는 궁극적으로 자기효능감이 높은 직원들이 자기조직화를 통해 회사를 이끌어 나갈 수 있도록 합니다.

Q : 직원의 마음을 사로잡을 야심찬 목표와 꿈은 무엇입니까?

A : 임직원이 개인 투자 및 JLC홀딩스와의 공동 투자를 통

하여, 자신의 회사 혹은 해외 업체의 일본 법인을 설립할 수 있도록 하고 있습니다.

Q : 사업의 방향성은 직원의 행동과 결부되어 있습니까?
이를 위해서 실천하고 있는 것은 무엇입니까?

A : 우리 회사는 일 자체가 자기 완결형인 경우가 많고, 개인 역량 및 팀워크를 통해 성과를 내는 구조입니다. 과거에는 개인 상점의 집합체였으나 각 그룹이 힘을 모아 사내 기업과 같은 조직을 만들었으며, 2016년부터는 각 조직의 책임자(사원)를 집행 임원(4명)으로 선정하여 차기에 경영자가 되기 위한 경험을 쌓게끔 하고 있습니다.

기술 엔지니어도 적성에 맞을 경우에는 영업직으로 전환 배치합니다. 또한 2017년부터 영업 조직을 제품이 아닌 '지역'을 기준으로 재구성하는 등, 직원들의 도전의식을 제고하기 위해 끊임없이 노력하고 있습니다.

**Q : 경영이념, 사명使命, 행동 규범 등 기업의 '가치관'을
분명하게 나타내는 것은 무엇입니까?**

A : 본문에서 여러 번 언급했듯이, 크레도를 통해 가치관을
명확히 표현하고 있습니다. 크레도는 경영 이념, 회사 방침, 사
명, 행동 규범을 규정할 뿐 아니라, '일하는 방식에 대한 계약'
으로서의 의미도 있습니다. 크레도는 경영자가 직원들에게 하
는 약속이고, 그와 동시에 일하는 방식과 관련하여 직원이 경
영자에게 하는 약속이기도 합니다. 크레도의 내용을 '종합평가
표'로 정리하여 직원을 평가하고 성장시키는 데 활용하고 있습
니다.

우리 회사의 크레도는 모회사로부터 독립한 2007년에 만들
어졌고, 2008년에 책자로 발행됐으며, MEBO와 관련한 채무
가 완전히 변제된 2012년 7월에 개정판이 발행되었습니다. 5년
마다 갱신할 예정입니다.

**Q : 경영 이념과 회사 방침 등에 담겨 있는 '가치'를
직원들에게 어떻게 전파하고 있습니까?**

A : 일단, 회의 시작과 끝에 참석자 전원이 크레도를 제창합

니다. 또한 직원들은 연 2회 진행하는 '종합평가표'를 작성할 때 관련 내용을 접합니다. 평가 결과에 대해 상사와 면담할 때도 자신이 더 노력해야 할 부분이 무엇인지 부각되므로, 바람직한 이념과 행동 규범에 대해 명확히 인식할 수 있습니다.

Q : 일본레이저는 어떤 분위기를 갖고 있습니까?

A : 전 직원이 자주적으로 연구하고 노력하여 회사에 공헌하는 것을 목표로 합니다. 좋아하는 일을 자신이 원하는 방식으로 추진함으로써 회사 전체의 실적 향상에 공헌할 수 있도록 합니다. 하고 싶은 말을 자유롭게 할 수 있는 분위기이므로, 경영진에 대한 요청과 비판도 자유롭게 할 수 있습니다.

평가가 매우 촘촘하고 엄격하며, 보상이나 처우에 대한 기준 역시 타사에 비해 까다롭지만, 구조와 제도가 투명하게 공개되고 결과에 대한 납득하기 때문에 이것에 불만을 가지고 이직하는 사람은 거의 없습니다. 실제로 최근 10년 동안 성과 평가와 보상, 처우에 대한 불만으로 회사를 떠난 사람은 없었습니다. 또한 특이한 점이라면 여성 직원이 결혼과 출산 때문에 퇴직한 사례가 없습니다. 일본의 전국 평균을 보면 결혼과 출산 때문에 여성 직원이 퇴직하는 비율은 60% 이상인데, 그 점을 감안하면 굉장히 특별하다고 할 수 있습니다.

조직력에 대해서

**Q : 업무를 원활하게 진행하기 위해 채택하고 있는
독자적인 방법은 무엇입니까?**

A : 제조 업체는 수주액과 매출액을 중시하지만, 수입상사는 '매출 총이익'을 중시합니다. 영업 사원과 기술 엔지니어에게는 매출 총이익의 3%를 인센티브로 지급합니다. 배분 방법은 직원별 공헌도를 기준으로 결정하고, 수주한 당사자뿐만 아니라 수주하는 데 이바지한 다른 영업 사원과 기술 엔지니어들에게도 배분합니다. 전사, 사업별, 부서별, 그룹별, 개인별 수주액 및 매출 총이익은 매월 회사 웹사이트와 사보를 통해 발표합니다. 인센티브 배분과 관련한 공헌도(매출 총이익 포인트) 또한 웹사이트에 발표해 공유하는 시스템입니다.

Q : 직원 간 정보공유와 기술·기능 전수를 위한 방법은 무엇입니까?

A : 정보를 공유하기 위해 매주 월요일 또는 휴일 다음 날, 본사와 지사를 화상으로 연결하여 전사 회의를 개최합니다. 보통 8시 30분부터 9시 15분까지 하죠. 한 달에 한 번은 9시부터 10시 30분까지 '총괄 회의'를 개최합니다.

1994년에 월간 〈JLC 뉴스〉라는 사보를 창간했고 2017년 3월에는 265호를 발행했습니다. 해외 출장을 간 사람은 돌아온 후에 전사 회의에서 영어로 출장 보고를 하고, 업무 보고와는 별도로 사보에 출장 가서 찍은 사진을 수록하도록 하고 있습니다.

정사원의 정년은 60세이지만 전 직원이 재고용되기 때문에 65세까지 일할 수 있고, 건강이 허락하는 한, 그리고 회사에 공헌하고 싶은 마음이 있다면 다시 한 번 재고용되기 때문에 70세까지 일할 수 있습니다. 시니어 직원이 많기 때문에 젊은 직원들이 그들의 노하우를 직접 배우고 전수받을 수 있습니다.

Q : 결과가 나쁜 경우에 업무를 재검토하거나 개선하는 것이 순조롭게 진행됩니까?

A : 업무와 제도에 대해 재검토하는 것이 일상화되어 있고, 수시로 변경하기도 합니다. 예를 들어 '근로계약'인 취업규칙도 매년 개정합니다. 직원이 제안하는 내용은 임원 회의를 통해 즉시 의사결정한 후 실시합니다. 임원회의는 사장, 전무, 상무들이 매일 아침 8시부터 8시 30분까지 하기 때문에 지체 없이 바로바로 결정하고 시행합니다. 또한 직원들도 수시로 사장과 대화를 할 수 있기 때문에 소통이 원활한 편입니다.

'이번 주에 느낀 점'뿐만 아니라, 업무 외적인 측면에서 '최선을 다한 점'과 '남을 도운 일'을 기재하는 '이번 주에 최선을 다한 점' 제도가 사내에 정착되었고, 이를 통해 직원이 제안하는 내용은 물론이고 그들이 얼마나 자주적, 자립적으로 행동하는지도 파악할 수 있습니다.

Q : 권한위임을 포함해서 직원들이 책임감을 가지고 자율적으로 일할 수 있도록 어떤 노력을 하고 있습니까?

A : 직원의 직무가 명확하게 규정되어 있기 때문에, 각자가 무슨 일을 해야 할지 알고 있고 어떻게 행동해야 할지를 주체적으로 생각하고 실천에 옮기고 있습니다. 단, 팀의 성과도 중요하고 다른 팀의 팀원들과 정보를 공유할 필요가 있으므로 그룹별로 주 1회 회의를 진행합니다. 상사의 양해가 필요한 경우에는, 사내 시스템의 업무 프로세스에 따라 승인을 얻은 후에 일을 진행합니다.

직원이 제안하는 새로운 프로젝트는 담당 임원을 거쳐 사장에게 보고되며, 특별한 경우가 아닌 이상 대부분이 승인됩니다. 직원 각자가 어느 정도 자기조직화가 되어 있기 때문에 사장과 임원이 업무지시를 내리는 빈도가 줄고 있습니다.

Q : 새로운 것을 수용하는 분위기는 어떻습니까?

신제품과 서비스 개발을 지원하는 제도가 있습니까?

A : 해외 출장을 가서 보고 들은 것, 그리고 공급 업체를 통해 얻는 정보를 바탕으로 직원들이 신제품이나 신사업을 제안하는 경우가 점차 증가하고 있습니다. 신사업을 제안한 직원들이 해외 출장을 다녀올 수 있도록 적극적으로 지원하고 있습니다. 이러한 분위기가 신사업을 창출하는 데 밑거름으로 작용하여, 고객 요구로 자사 브랜드 제품을 개발하기도 하고 신규 업체의 제품을 취급하기도 합니다.

Q : 일본레이저를 대외적으로 소개할 때 역점을 두는 부분은 무엇입니까?

A : 일본 유일의 MEBO 실행 사례라는 점, 일본 내에서 자기조직화 수준이 높은 기업 중 하나라는 점은 매우 차별화된 내용이라고 생각합니다. 최근에는 일하는 방식 개혁, 직장 내 여성의 활약, 다이버시티 경영, 종신 고용, 동일 노동 동일 임금과 같은 테마로 언론의 취재 요청이 많이 오고, 강연 요청도 많이 옵니다. 저 역시 개인적으로 2016년 11월에 도쿄상공회의소의 1호 의원으로 선출되었고, 그 후에도 일본상공회의소 직원을 대상으로 한 연수와 지방 상공회의소가 주최하는 강연에서 강사로 초빙되는 경우가 늘고 있습니다.

Q : 업무 외적인 측면에서 직원의 인격과 배려심, 서로 간에 지켜줄 행동양식이나 습관을 향상시키기 위한 노력으로는 어떤 것이 있습니까?

A : 전사 회의에서 사원 교육의 일환으로서, 여성 총무 과장과 경리 과장이 사장을 대신하여 직원에게 주의사항을 전달하고 있습니다. 충분히 납득할 만한 설명을 포함하기 때문에 잔소리처럼 느껴지지 않습니다. 사장이 직접 이야기하는 것보다 훨씬 효과가 좋다고 생각합니다.

사외 연수의 경우, 매년 100만 엔(교토 지사), 120만 엔(도쿄 본사) 상당의 경영자 교육 프로그램에 간부 직원들을 파견합니다. 지금까지 교토 지사 직원 중 총 9명이, 도쿄 본사 직원 중에는 총 6명이 이 교육을 이수했습니다. 업무의 바탕이 되는 인격, 리더십 측면에서 많은 도움을 받고 있습니다. 간부나 중견 사원은 연간 30만 엔 상당의 자기혁신 연수를 받도록 하고 있습니다. 이 연수는 합숙을 하면서 진행되는데, 정사원과 임원 중 3분의 2가 이수했고, 점진적으로 전 직원이 이수하도록 하는 것이 목표입니다. 합숙 연수에는 기혼 여성 직원도 참가하고 있습니다.

Q : 직원의 능력을 향상시키기 위해서 주안점을 두는 부분은 무엇입니까?

A : 다음의 3가지를 기초능력 수당으로 지급하고 있습니다. 첫째는 토익 수당(매월 0~2만 5,000엔), 둘째는 PC/IT 활용 능력 수당(매월 4,000~2만 엔), 셋째는 대인 대응 능력·태도 능력 수당 (매월 4,000~2만 엔) 등을 5단계로 평가하여 지급합니다.

Q : 여러 업무를 두루 처리할 수 있는 직원을 육성하기 위해 역점을 두는 부분은 무엇입니까?

A : 여성 직원이 임신·출산 등의 이유로 퇴직하는 것은 인사상의 큰 손실이기 때문에 가능한 한 줄여야 합니다. 우리 회사는 더블 어사인먼트 제도를 통해 남자 직원과 한 팀이 되도록 해서 한 사람에게만 일이 몰리지 않도록 하고 있습니다. 출산 휴가를 가더라도 업무 공백이 생기지 않고 한 팀이 되어 일한 남자 직원이 자연스럽게 일을 받아서 할 수 있습니다.

또한 직원 1명이 여러 가지 일을 담당할 수 있도록 멀티 태스크 제도도 실시하고 있습니다. 단, 발전하고 성장하고자 하는 욕심이 없는 직원에게는 적용시키지 않습니다. 우리 회사의 경영 이념 중에 '성장'이라는 항목을 실현하기 위한 제도입니다. 성장하고자 하는 직원이 더 잘 성장할 수 있도록 발판을 제공해주자는 의도이기도 합니다.

Q : 관리자들의 능력을 향상시키기 위해 무엇을 하고 있습니까?

A : 외부 기관에서 주최하는 관리자 연수와 경영자 연수 프로그램을 수강하도록 권유합니다. 또한 전사 회의에서의 발표할 기회를 늘려 프레젠테이션 능력을 향상시킵니다. '이번 주에 느낀 점'에 성의껏 회신하도록 하여 부하직원과 매주 깊이 있게 소통하도록 합니다. 영업 부문의 경우 팀별, 직원별 수주 건수 및 매출 총이익 실적을 매월 사내 시스템과 사보를 통해 공지하여 긴장감을 유지할 수 있게 합니다. 또한 부하직원의 승진 건에 대해서도 상사로서 가지고 있는 의견을 경영진에게 설명하도록 합니다.

Q : 직원의 모티베이션을 향상시키기 위한 제도는 무엇이 있습니까?

A : 업무 능력, 회사에 대한 공헌도, 경영 이념을 실현한 정도를 승격, 승급, 고과 상여에 반영합니다. 상사와 담당 임원이 30분간 면담을 하고 그것을 통해 종합평가 결과를 전달합니다. 그 과정에서 직원 각자의 과제에 대해 명확히 설명합니다. 신규 사업 제안이나 해외 출장 등 직원들이 희망하는 것은 가급적 시도해볼 수 있게 해줍니다. 결과가 좋으면 평가에 반영하고, 기대했던 성과가 나오지 않으면 다음 기회를 도모하도록 합니다.

17년 전 양쪽 신장을 떼어낸 정직원은 현재까지도 정직원으로 근무하고 있습니다. 회사는 이 직원이 요양을 최우선으로 할 수 있도록 단시간 근무를 허용했습니다. 올해 59세이므로 정년까지 불과 1년밖에 남지 않았지만, 65세까지 계속 일할 수 있도록 재고용할 예정입니다.

최근 10년 동안 3명이 암으로 세상을 떠났지만(39세, 42세, 57세였던 직원), 회사를 떠나는 날까지 계속 정직원으로 남아 있었습니다. 임시직으로 전환, 상무를 비상근 임원으로 전환한 경우도 없으며, 급여와 상여도 물론 삭감하지 않았습니다. 이와 같은 처우는 건강한 직원들에게도 안정감을 주므로 동기부여에 효과적이고 조직에 대한 충성도를 한층 더 끌어올릴 수 있습니다.

또한 회사 운영의 기본 요소로서 'SOFT'가 있습니다. SOFT의 각 요소를 충실도하게 지키면 이것 역시 직원들의 동기와 의욕을 자극하고 향상시킬 수 있습니다.

S: SPEED(신속함) / SIMPLE(단순함)

O: OPEN(개방성) / OPPORTUNITY(기회균등)

F: FAIR(공정함) / FLEXIBILITY(유연함)

T: TRANSPARENCY(투명함) / TEAMWORK(협업)

Q : 직원들을 융화하기 위해 역점을 두는 것은 무엇입니까?

A : 개인의 역량이 향상되기를 바라지만 팀의 성과도 중요하므로 일체감, 연대감, 소속감, 충성도를 제고하고자 여러 모로 노력하고 있습니다. 예를 들어 사장이 먼저 '직원의 이름'을 부르며 인사합니다. 직원과의 격의 없는 대화를 중시하기 때문입니다. 대부분의 기업에서는 직원 간 대화가 줄고 있지만, 일본레이저는 사내 커뮤니케이션을 활성화하기 위해 의식적으로 많은 노력을 하고 있습니다. 사내 라운지에서 함께 술을 마시거나 회사 밖에서 그룹별로 모임을 가질 수 있도록 담당 임원이 회사 비용으로 지원합니다. 또한 전 직원이 참석할 수 있는 창립기념일 파티와 사원 여행, 송년회 등을 개최합니다. 파트타임 직원이나 파견 사원이 퇴직할 때도 환송회를 열고 직원들이 조금씩 돈을 모아 기념품을 선물합니다. 출산한 직원이 아기를 안고 회사에 방문하기도 합니다. 결혼·출산·퇴직 시에 회사 규정에 따라 축의금을 전달하며, 전 직원이 자발적으로 돈을 모아 선물을 하기도 합니다. 늘 손익을 따져야 하는 소규모 글로벌 기업에서는 이런 가족적인 분위기가 흔치 않은 일이라고 생각합니다.

사업 승계에 대해서

Q : 사업 승계에 대한 기본 방침은 무엇입니까?

A : 승계자의 조건은 다음과 같습니다.

첫째는 능력입니다. 실무 능력, 기술·시장에 대한 지식, 경험, 영어를 바탕으로 한 교섭력, 리더십, 경영 능력 등입니다.

둘째는 담당 사업·부문에서의 실적, 업적 및 회사 전체에 대한 공헌도입니다.

셋째는 직원들이 잘 따를 만한 인덕, 아우라, 에너지를 몸에 지니고 있고 경영 이념을 체현한 사람입니다.

이와 같은 기준으로 차기와 차차기 사장까지 발표하여, 사장으로 취임하기 전까지 능력을 더욱 향상시킬 수 있도록 독려하고 있습니다. 2018년 4월은 창립 50주년이 되는 시점이기 때문에, 큰 이변이 없는 한 그해 2월 열리는 주주총회에서 신임 사장을 임명할 예정입니다. 나는 사장 퇴임 후에도 대표이사 회장으로서 국내 학회·거래처·해외 공급 업체 등과의 관계 강화하고, 끊임없이 이념을 체현하고 실적을 올림으로써 사장을 지원할 것입니다. 직원, 금융기관, 고객, 해외 파트너 업체 등 이해관계자들이 불안해하지 않도록 차기 사장에게 사업을 잘 승계하고 회사가 영속할 수 있도록 노력할 것입니다.

Q : 사업 승계에 대한 준비는 어떻게 하고 있습니까?

원활한 사업 승계를 위해 중요한 것은 무엇입니까?

A : 경영자 교체에 따른 혼란을 방지하기 위해 가급적 신속히 향후 계획을 구체화할 필요가 있습니다. 현재 사장이 72세, 차기 사장인 전무가 63세, 차차기 사장인 상무가 54세입니다. 여기까지는 이미 사내에서 공표했습니다. 그다음 세대의 경우, 현 집행 임원(각가 45세, 44세, 41세) 및 향후 집행 임원 중에서 실적이 좋은 사람을 이사로 승격시킨 후 사장 후보로 삼을 예정입니다. 70대, 60대, 50대, 40대 등 거의 10년 터울로 후보자가 있다는 것은 참으로 다행스러운 일이라고 생각합니다. 30대, 20대 직원 중에도 우수한 직원이 많아 회사의 미래가 밝다고 생각합니다. 사장이 개인적으로 리스크를 안고 모회사인 일본전자로부터 독립한 이후 회사의 전망이 점점 더 밝아졌을 뿐 아니라 사회적으로 주목 받는 존재가 되었습니다. 직원 입장에서도 고용 불안이 없고 비전 있는 기업에서 근무한다는 안정감을 가질 수 있고, 이와 동시에 앞으로 자신이 회사를 이끌어 나가야 한다는 각오와 책임감도 가지게 됩니다. '사람은 당대에 사라지지만 이름은 길이 남는다.'는 각오로 임하는 것입니다.

Q : 독자들에게 당부하고 싶은 말은 무엇입니까?

A : 제 좌우명은 "인생에 있어서 두 점 사이의 최단 거리는 직선이 아니다."입니다. 무수히 많은 실패를 경험했지만 그럴 때마다 이미 일어난 일이니 어쩔 수 없다고 생각하고 받아들였습니다. 목표지점까지 직선이 아닌 꼬불꼬불한 길로 돌아가더라도 언제나 밝은 미소를 잃지 않으면 됩니다. 집중력과 지속력을 가지고 일을 통해 성장하라고 말씀드리고 싶습니다.

인생이란 내면의 성장으로 가는 발걸음이고, 성공이란 결국 자기 자신이 성장하는 것입니다. 회사 경영도 마찬가지입니다. 경영이란 직원들이 성장할 수 있도록 지원하는 것이 전부입니다. 그러니 리더라면 신념을 가진 서번트 리더가 되어야 합니다. 마지막으로 강조하고 싶은 말은 "사장이 달라지면 회사도 달라진다!"는 것입니다.

지은이 곤도 노부유키近藤宣之

주식회사 일본레이저 대표이사 사장

1944년에 태어났다. 게이오대학교 공학부 졸업 후 일본전자 주식회사 입사해 28세라는 젊은 나이에 노동조합 집행위원장으로 취임하여 11년간 노무 관련 업무를 수행했다. 노조 집행위원장으로서 직원 1,000명을 정리해고한 후 미국 법인 지배인과 국내영업 담당 등을 역임했다.

1994년, 채무초과 상태인 데다 주거래 은행조차 외면한 일본전자의 자회사 일본레이저의 대표이사 사장으로 취임했다. 사람을 소중히 여기면서도 수익을 창출하는 혁명을 일으켜 취임 1년차부터 흑자 전환에 성공했다. 그 이후 현재까지 23년 연속 흑자를 기록했고, 10년이 넘는 기간 동안 이직률은 거의 제로에 가깝다.

일본레이저의 직원은 총 55명, 연매출은 약 40억 엔이며 여성 관리직 비율은 30%에 달한다. 2007년에는 직원들의 모티베이션을 더욱 끌어올리기 위해, 투자 펀드의 참여 없이 임원·정직원·촉탁 직원이 주주가 되는 일본 최초의 'MEBO(Management and Employee Buy Out)'를 실시하여 모회사로부터 완전히 독립했다.

현역 사장이면서도 일본경영합리화협회, 마쓰시타 고노스케 경영숙, 다이아몬드 경영숙, 게이오대학교 대학원 비즈니스 스쿨 등에서 강사로 활동하며 연간 50회 이상 강연을 하고 있다. 언제나 미소를 잃지 않는 성격과 상대방의 질문에 대해 진지하게 대답하는 모습이 좋은 평가를 받아 전국 각지에서 강연 문의가 쇄도하고 있다. 도쿄상공회의소 1호 의원이기도 하다.

제1회 '일본에서 가장 소중한 기업' 대상(중소기업청 장관상)을 시작으로, '다이버시티 경영기업 100선'(경제산업성), '진실한 경영기업 50선', '최선을 다하는 중소기업·소규모 사업자 300선', '2015 커리어 지원기업 표창'(후생노동성 대신大臣 표창), 도쿄상공회의소의 제10회 '용기 있는 경영대상', 제3회 '화이트 기업대상' 등 다수의 상을 수상했다.

http : / /www.japanlaser.co.jp/

옮긴이 박종성

런던정치경제대학교 조직심리학과를 졸업한 뒤, LG그룹에서 하이테크 분야의 사업전략 수립 업무를 담당하고 있다. 미국·영국·일본에서 출간되는 좋은 책을 국내 독자들에게 소개하고 함께 읽고 싶어, 번역 에이전시인 엔터스코리아에서 출판기획 및 번역가로 활동하고 있다.

곤도의 결심

2017년 9월 18일 초판 1쇄

지은이·곤도 노부유키
옮긴이·박종성

펴낸이·김상현, 최세현
책임편집·최세현 | 디자인·김애숙

마케팅·권금숙, 김명래, 양봉호, 임지윤, 최의범, 조히라
경영지원·김현우, 강신우 | 해외기획·우정민
펴낸곳·㈜쌤앤파커스 | 출판신고·2006년 9월 25일 제406-2006-000210호
주소·경기도 파주시 회동길 174 파주출판도시
전화·031-960-4800 | 팩스·031-960-4806 | 이메일·info@smpk.kr

ⓒ 곤도 노부유키(저작권자와 맺은 특약에 따라 검인을 생략합니다)
ISBN 978-89-6570-498-0 (03320)

쌤앤파커스(Sam&Parkers)는 독자 여러분의 책에 관한 아이디어와 원고 투고를 설레는 마음으로 기다리
고 있습니다. 책으로 엮기를 원하는 아이디어가 있으신 분은 이메일 book@smpk.kr로 간단한 개요와 취지,
연락처 등을 보내주세요. 머뭇거리지 말고 문을 두드리세요. 길이 열립니다.